6 juin 44

ISBN 2-262-01981-9
Dépôt légal : avril 2004

Jean-Pierre
AZEMA

Robert O.
PAXTON

Philippe
BURRIN

6 juin 44

PERRIN / Le Mémorial de Caen

1. Les précédents

Débarquer...

Ci-dessus, 1588 : l'orgueilleuse « invincible Armada », parvenue à Calais, s'apprête à cingler sur l'Angleterre.

Si pour les Français, le 6 juin 1944 est resté le jour du « débarquement », les Alliés comme les Allemands préfèrent s'en tenir au mot « invasion ». La recherche des précédents historiques de l'opération pousse pourtant à distinguer les deux termes, même s'il semble évident que les « débarquements » ont été nombreux aux temps anciens, ceux des invasions et lorsque les empires s'affrontaient en envoyant leurs guerriers à travers la Méditerranée. S'agissait-il vraiment du même type de combat ?

De quelques exemples célèbres, retenons que les Perses ont été repoussés de Grèce non pour avoir eu du mal à débarquer, mais pour avoir été piégés dans la baie de Salamine. Durant toute la période antique, qu'il s'agisse des multiples invasions doriennes, d'Hannibal visant Rome ou de Scipion triomphant de Carthage, bien des flottes ont pu accoster grâce aux villes qui, de l'intérieur des terres attaquées, faisaient alliance avec l'envahisseur. D'innombrables razzias, invasions, voire conquêtes, menées à partir de bateaux, ont utilisé les faiblesses de l'adversaire, profité de l'épouvante des populations civiles ou fait suite à des échanges commerciaux qui avaient préparé le terrain. L'ennemi surgi de la mer triomphait de sociétés qui n'étaient guère en état de se défendre : ainsi les Vandales venus de Carthage parachevant la chute de Rome ou l'irrésistible invasion par les Arabes, aux VIIe et VIIIe siècles, des îles et des côtes de Méditerranée. C'est le cas des expéditions coloniales du XIXe siècle, qui associaient généralement forces maritimes et terrestres : la faiblesse de la puissance ottomane permit ainsi, en 1830, le débarquement de 36000 soldats français près de Sidi-Ferruch, et la prise d'Alger. Bref, jusqu'au XXe siècle, se présentant sous des aspects particuliers, le débarquement n'a pas forcément été le point crucial de l'invasion. Aborder un rivage hostile ne signifiait pas – comme au 6 juin 1944 – affronter, si possible par surprise, sur une côte, avec des forces considérables spécialement équipées à cet effet, selon un plan minutieusement concerté, une ligne continue de défense établie par un ennemi déterminé.

Trois exemples méritent tout de même qu'on s'y arrête. En 1066, Guillaume le Conquérant, parti de Caen avec 450 navires chargés de volontaires recrutés dans tous les pays, débarque dans un ordre impeccable sur la côte anglaise. Mais venu en héritier possible du trône, causant une surprise totale, il ne rencontre pas de résistance sur le moment et la conquête militaire de l'Angleterre se fait à Hastings, et non lors de ce débarquement méthodique. Cinq siècles plus tard, le projet cohérent et l'ampleur des moyens étaient bien au rendez-vous : en 1588, le roi d'Espagne, Philippe II, envoyait 130 navires embarquant 10000 marins, 17000 soldats, sans compter les troupes qu'il comptait lever dans les Flandres, pour envahir l'Angleterre. Cette fois, les éléments et les vaisseaux de Drake firent échouer l'entreprise ; seul souvenir du gigantisme de l'opération, un mot : « Armada ». Bonaparte, toujours pour envahir l'Angleterre, élabora en 1803 son plan durant des mois. Il lui fallait construire une flotte adaptée, comportant des navires de haut bord et des barques, coordonner les mouvements de ses forces sur les deux marées nécessaires pour franchir la Manche, à partir du camp de Boulogne, leurrer l'adversaire par de fausses manœuvres, tenir compte des aléas météorologiques, assurer diplomatiquement ses

Double page précédente, Novembre 1942 : en route pour les plages de Fedala, au nord de Casablanca. © Mémorial de Caen

arrières, etc. C'était compter sans le désastre de Trafalgar : même si celui-ci était bien plus que le fait divers évoqué par l'Empereur, force était de reconnaître que le moindre contretemps ruinait la mécanique d'un débarquement.

La première guerre mondiale, guerre totale, a sans doute modifié l'art de la guerre, sauf en matière de débarquement. Certes, en septembre 1914, des « alliés » japonais et anglais débarquent en Chine, près de la base allemande de Ts'ing Tao, donc pour affronter un ennemi qui occupe un autre territoire que le leur. Mais l'opération reste modeste dans ses difficultés comme dans ses effets. Et en septembre 1915, la plus importante des opérations amphibies, dite « des Dardanelles », bien commandée par un certain Mustapha Kemal aux côtés d'un général allemand, engagea des forces alliées considérables contre des défenses puissantes. Mais, malgré les 46 000 morts de la presqu'île de Gallipoli, cette « expédition » se solda par la perte d'une grande partie des navires et l'impossibilité pour le corps expéditionnaire qui avait pu débarquer, de marcher sur Istanbul. Encore en 1944, la *Royal Navy* gardait un souvenir cuisant de cet échec.

On prête à l'amiral Nelson l'affirmation qu'une côte bien défendue tient presque toujours tête à une attaque venue de la mer. L'irruption massive de l'aviation – une des singularités du second conflit mondial – modifiait à l'évidence les données du problème. Mais l'assaillant doit encore, pour l'emporter, conjuguer la maîtrise et de l'air et de la mer, tant l'entreprise reste hasardeuse, particulièrement et d'abord sur les plages. C'est tout le problème du jour J.

Ci-dessus, avril 1915 : la plage et le camp de Seddul Bahr installé au sud de Gallipoli. © Coll. Roger-Viollet

Le débarquement qui n'eut jamais lieu

Ci-dessus, Péniches allemandes en bois, affrétées pour un débarquement. © Tallandier

En allemand, le nom de code *Seelöwe* (« Otarie ») désignait une opération de débarquement des forces allemandes sur la côte méridionale de l'Angleterre. Le jour S, celui du déclenchement, finit par être fixé au 21 septembre 1940.

Le projet avait été conçu tardivement : dans l'automne 1939, Hitler n'envisageait que le blocus économique de la Grande-Bretagne. Loin de songer, comme Guillaume II, à une *Weltpolitik*, une politique qui se voulait mondiale et non plus seulement continentale, il estimait que la première tâche du peuple allemand était de dominer le continent européen, notamment en asservissant les Slaves. C'est pourquoi dans la machine de guerre du Reich, la *Kriegsmarine* occupait la dernière place.

Dans les semaines qui suivirent la victoire sur la France, Hitler jugea d'abord que les Anglais traiteraient, sous la pression de certains de leurs hommes politiques. Il s'en félicitait, car il ne sous-estima jamais les difficultés d'un débarquement. L'intransigeance de Churchill, le soupçon que la Grande-Bretagne était de connivence avec l'URSS qu'il envisageait d'envahir l'année suivante lui firent changer d'avis : le 1er août, la directive n° 17 annonçait les modalités d'une guerre qui acculerait la Grande-Bretagne à la capitulation.

Dès le 16 juillet, sa directive n° 16 avait présenté les « préparatifs pour une opération de débarquement en Angleterre ». Son état-major envisageait de débarquer sur toute la côte du Kent à l'île de Wight, d'abord 90 000 hommes, pour arriver à 260 000 quelques jours plus tard. Les troupes bénéficieraient immédiatement de l'appui de 250 chars amphibies, tandis que deux divisions aéroportées interviendraient sur les arrières de la défense anglaise. La conquête de l'île paraissait si aisée qu'Himmler dressait déjà une liste de 2 600 personnalités à proscrire, de Churchill à Chaplin en passant par de Gaulle, H.G. Wells et Virginia Woolf.

Mais le grand-amiral Raeder exprimait immédiatement les profondes inquiétudes de l'état-major de la *Kriegsmarine.* L'infériorité de la flotte du Reich, composée presque exclusivement de bâtiments modestes, torpilleurs et destroyers, les difficultés de la traversée de la Manche, une mer difficile, le manque de péniches de débarquement, tout incitait les marins à définir des préalables : il fallait multiplier des opérations de diversion pour segmenter la *Royal Navy*, établir des champs de mines pour protéger les flancs du chenal, assurer à la *Luftwaffe* la maîtrise du ciel. Le front leur semblait devoir être limité aux côtes du Kent. Bref, il paraissait préférable de reporter l'opération au mois de mai 1941.

Pressé de conclure la paix à l'Ouest, Hitler excluait tout délai. Il fut tout de même sensible à ces objections. Revoyant les objectifs à la baisse, il décida, ce qui avait toujours été son point de vue, qu'une offensive aérienne tous azimuts, sapant le moral des Anglais, les contraindrait à capituler. Ainsi le débarquement, conçu d'abord comme l'élément déterminant de la campagne, ne jouait plus qu'un rôle secondaire, chargé, au mieux, de porter le coup de grâce, et, de toutes façons, subordonné aux résultats obtenus par l'aviation : la « bataille d'Angleterre » se jouerait dans les airs.

Or, Goering commit des erreurs tactiques, couvertes il est vrai par le Führer, en choisissant le 7 septembre de bombarder les villes plutôt que les usines d'aviation. La RAF tint bon et la Luftwaffe, durant les journées noires des 14 et 15 septembre, n'obtint que des résultats médiocres. Depuis le 9, Hitler, attendant les effets des bombardements massifs, hésitait à déclencher l'opération *Seelöwe*, alors que la *Kriegsmarine* était parvenue à rassembler dans les ports de la côte belge et française quelque 1 500 péniches avec leurs remorqueurs. Pareille concentration n'avait pas échappé aux Britanniques. Profitant d'une lune favorable, comptant sur l'essoufflement des appareils de la *Luftwaffe*, la RAF pilonnait dans la nuit du 18 septembre nombre de ces barges de débarquement. Cet échec supplémentaire forçait Hitler à reporter l'opération « Otarie », qui fut définitivement abandonnée en 1941.

Les hésitations de Hitler, les insuffisances de Goering, les rivalités entre les armées de la *Wehrmacht*, tout comme l'héroïsme des aviateurs anglais, expliquent l'échec de l'opération *Seelöwe*. Si la singularité de la bataille d'Angleterre réside dans le choix de l'aviation pour briser la résistance de l'adversaire, c'est la faiblesse de la marine allemande qui a été la cause première de l'échec de la *Wehrmacht*. Un débarquement exigeait encore la maîtrise de la mer.

Ronald Wheatley, *Operation Sea Lion*, Oxford, Clarendon Press, 1958

François Bédarida, « La bataille d'Angleterre » in Jean-Pierre Azéma et François Bédarida (dir), *1938-1948, Les Années de tourmente, dictionnaire critique*, Flammarion, 1995

Ci-dessus, 1940 : des soldats allemands s'exercent sur la côte de la Manche en vue d'un débarquement en Angleterre. © Tallandier

L'opération *Jubilee*

L'opération *Jubilee*, lancée par les Anglo-Saxons dans l'été 1942, devait surtout tester les défenses allemandes à Dieppe. Mais cette tentative, interprétée rétrospectivement comme une préparation à un débarquement de grande envergure, conçue dans une certaine confusion, mal dirigée, tournant en catastrophe, montra surtout ce qu'on avait à affronter.

Dans la nuit du 18 au 19 août 1942, 244 bâtiments (dont 191 bâtiments de débarquement) emportaient de Grande-Bretagne vers la côte dieppoise 6 086 hommes : 5 000 fantassins et tankistes canadiens, 1 100 hommes de commandos britanniques, 56 rangers américains, 15 volontaires des Forces françaises libres, 5 interprètes. En renfort, 58 escadrilles décollaient pour défier la *Luftwaffe*.

Pour créer la surprise et profiter de la haute mer, les opérations de débarquement avaient été programmées pour 5 heures du matin. Les cinq zones à investir s'étiraient sur 17 km, de part et d'autre de Dieppe. Les commandos anglais devaient neutraliser à Berneval et à Varengeville celles des batteries extérieures allemandes qui risquaient d'atteindre la flotte restée au large; deux bataillons de Canadiens, à Puys et à Pourcheville, sur les falaises situées de part et d'autre de Dieppe, étaient chargés de détruire les défenses qui balayaient le port et la plage. Deux autres bataillons d'infanterie canadienne et un bataillon de chars Churchill débarqueraient alors sur les 1 500 m de plage. Après avoir pénétré dans la ville, détruit l'aérodrome et la station de radar, ils réembarqueraient dans la journée, en ramenant leurs prisonniers.

Ce dispositif en deux temps aurait dû prendre plus et mieux en compte le relief de la côte dieppoise : dominant d'étroites plages de galets, coupées de rares valleuses ravinées, de hautes falaises étaient *a priori* défavorables aux assaillants. Pour les défendre, la 302e division de la *Wehrmacht*, si elle était composée, depuis les ponctions opérées pour la campagne de Russie, de recrues plutôt inexpérimentées, disposait de bons emplacements de tirs et avait été mise en alerte par le succès du raid des commandos britanniques sur Saint-Nazaire.

La première étape tourna au désastre. Sans doute des commandos anglais mirent-ils hors de combat quelques batteries extérieures à Berneval et toutes celles de Varengeville, partie exemplaire de l'opération. Mais le débarquement échoua partiellement à Pourcheville. Et à Puys, ce fut la catastrophe : en face des Allemands qui ne perdaient que deux hommes, sur les 670 soldats et officiers canadiens du Royal régiment chargés de s'emparer des hauteurs, 152 trouvèrent la mort, le plus grand nombre furent faits prisonniers, et seuls 67 combattants de cette unité d'élite de la 2e division canadienne revinrent en Angleterre.

Se trouvant donc peu protégés, ne disposant que de liaisons déplorables, lorsque deux bataillons, puis un troisième, tenu d'abord en réserve, eurent reçu l'ordre de débarquer sur la plage de Dieppe, les hommes, amenés sur des chalands de bois, s'offraient sans défense aux tirs avant même d'avoir mis pied à terre et plus encore quand ils avaient pu atteindre la plage. Les 28 chars Churchill qui devaient les appuyer eurent les plus grandes difficultés à progresser sur les galets, puis se heurtèrent à des obstacles en béton plus résistants que prévu. Sans doute, le rez-de-chaussée du casino de Dieppe finit-il par être occupé. Mais les quelques dizaines de Canadiens qui s'infiltrèrent dans la ville ne trouvèrent qu'une population pour le moins attentiste (des tracts lancés par la RAF l'avaient, il est vrai, incitée à ne pas intervenir). La partie était manifestement perdue. Le réembarquement, finalement décidé à 9h30, prit deux longues heures. Il fallut abandonner des tonnes de matériel dont les chars Churchill. Conservant la maîtrise du ciel, la *Luftwaffe* rendait ce repli encore plus dramatique et abattit deux fois plus d'avions qu'elle n'en perdit.

Les pertes anglo-canadiennes s'élevaient à 4 397 morts, blessés, disparus et prisonniers, soit les deux tiers des effectifs embarqués. Alors que l'adversaire n'avait perdu que 513 hommes, les Canadiens, à eux seuls, déploraient 907 tués et 1 874 prisonniers. Au cours des quatre journées suivantes, la mer rejetait encore 475 cadavres de soldats alliés.

Le bilan politique était aussi déprimant. Passons sur le fait que Laval crut nécessaire d'envoyer ses félicitations aux « troupes allemandes qui par leurs défenses ont permis le nettoyage rapide du sol français ». Hitler, lui, soigna sa propagande en faisant libérer les prisonniers français originaires de Dieppe pour récompenser la population de sa retenue.

Douglas Botting, *Le Débarquement*, Time-Life, 1978

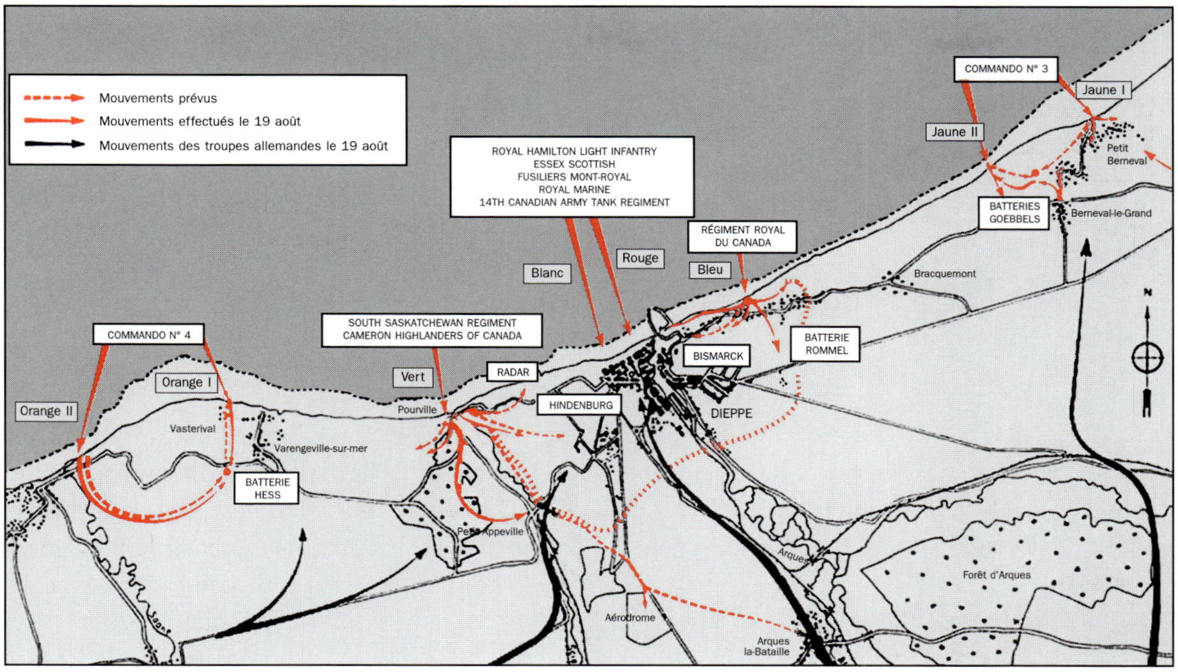

© DR

Le débarquement de Dieppe.

Ci-dessus,
Barge de débarquement en feu.
© Keystone

Ci-dessous, pages suivantes,
Plusieurs chars Churchill détruits et abandonnés sur la plage.
© IWM/Mémorial de Caen

CALGARY

Les enseignements d'un échec

Ci-dessus, Cadavres des assaillants gisant sur la plage.
© Mémorial de Caen

L'Etat-major put se féliciter de quelques aspects de l'opération *Jubilee* : un coup de main du commando mené par Lord Lovat, chef du clan Frazer, habillé comme pour chasser le grouse, l'héroïsme d'un colonel debout, dans son chaland de débarquement, le dos aux balles, pour signifier aux bâtiments qui suivaient qu'ils devaient faire demi-tour. Mais rien de glorieux dans le retour de ceux qui, après s'être cachés sous l'amoncellement de cadavres, se ruaient sur les chalands en les faisant chavirer, balançaient les prisonniers par-dessus bord pour alléger le bateau; rien de glorieux non plus dans le spectacle de ces Canadiens blessés, abandonnés sur la plage, tirant des flots leurs camarades plus atteints au moment où la marée remontait, puis se mettant à pleurer, assis sur les galets.

Trouvant, comme souvent, une bonne raison à leur échec, les militaires avançaient que la rencontre inopinée, dans la nuit, d'un petit convoi allemand et d'une colonne d'embarcations avait, en donnant l'alerte, annulé l'effet de surprise escompté. Ils n'insistaient pas sur le manque de coordination, ni sur l'incapacité du général Roberts, siégeant sur le destroyer Calpe, à connaître ce qui se passait sur les cinq théâtres d'opérations.

Mais peut-être plus graves avaient été les tergiversations sur les modalités de l'entreprise, l'impossibilité de choisir entre des opérations de commandos et un projet d'envergure. La politique des raids avait eu à son actif des résultats encourageants : la destruction à Bruneval, dans la nuit du 27 au 28 février, d'un radar dernier cri, ou la mise hors service qui fit grand bruit, le 28 mars, à Saint-Nazaire, de la porte de la cale sèche qui pouvait abriter les grands cuirassés de la *Kriegsmarine.* Mais dans le même temps, des officiers jeunes, dont le capitaine de vaisseau Louis Mountbatten, rêvaient d'opérations amphibies d'une toute autre ampleur. Des ambitions différentes orientaient le projet : des commandos désiraient faire mieux qu'à Saint-Nazaire; le *War Office* souhaitait tester le matériel nouveau (notamment les chars Churchill de 43 tonnes, suffisamment étanches pour évoluer dans une eau profonde de 2 mètres) tout en entraînant une fraction des 150 000 Canadiens chargés pour l'heure de défendre les îles Britanniques.

Au plan stratégique, il s'agissait de combiner deux exigences dictées par la situation internationale. Du côté anglo-saxon, les Anglais, prêchant la prudence et une stratégie périphérique menaçant indirectement le Reich, se heurtaient aux Américains prêts à établir, avec l'opération *Sledgehammer,* une tête de pont en Bretagne et sur le Cotentin. A l'est, les Soviétiques, qui, malgré leur contre-attaque victorieuse devant Moscou, demeuraient acculés par la *Wehrmacht,* réclamaient à cor et à cri l'ouverture d'un second front. L'opération devait donc être un signal, qu'on voulait fort, envoyé à Staline, tout en permettant aux Anglais de montrer que dans une situation guerrière particulièrement déprimante, ils étaient capables de reprendre l'initiative. Après l'échec, Goebbels se fit un malin plaisir de souligner l'« amère déception des soviets », car l'opération *Jubilee* n'avait pas dégarni le front russe de la moindre division.

Au fur et à mesure des discussions, le projet s'était tactiquement affaibli : on accepta finalement d'attaquer un port parfaitement défendu, étroitement dominé par de hautes falaises, sans avoir pu ni de l'air (car on voulait jouer sur la surprise) ni de la mer (car la Navy répugnait à faire courir des risques à ses cuirassés) neutraliser les défenses. On comprend qu'après l'échec de l'opération *Jubilee*, les responsables de la *Wehrmacht* se soient déclarés sidérés par l'« amateurisme de l'entreprise ».

Dans les années cinquante, les responsables de l'opération claironnèrent qu'elle avait été décisive pour le succès d'*Overlord*, qui pourtant, soulignons-le, n'était même pas programmée à l'époque. Il est vrai qu'après cet échec, on sut apporter des améliorations techniques, notamment pour l'utilisation des chars amphibies. Et d'aucuns comprirent que pour s'attaquer à une côte bien défendue, mieux valait une préparation aérienne massive et prolongée, associée à une grande puissance de feu, qu'un aléatoire effet de surprise. Fallait-il, pour en tirer une leçon qui n'était pas très nouvelle, sacrifier autant de Canadiens ?

Jacques Mordal, *Les Canadiens à Dieppe*, Presses de la Cité, 1982
Douglas Botting, *Le Débarquement*, Time-Life, 1978

Ci-dessous, 19 août 1942 : une longue captivité attend ces soldats canadiens.
© Mémorial de Caen

La rivière de sang de Guadalcanal

Ci-dessus, 1er novembre 1943 : navires prêts à débarquer, dans Empress Augusta Bay sur la côte ouest de Bougainville dans les îles Salomon. © DITE/USIS

Les Américains considérèrent tout au long de la guerre que les opérations prioritaires se situaient en Europe et non dans l'Asie contrôlée par les Japonais. Mais, après les deux batailles navales de la mer de Corail (7-8 mai) et de Midway (3-6 juin), l'éventualité d'un débarquement s'était dégagée, notamment à Guadalcanal. Car, à l'été 1942, les Japonais y construisaient un aéroport. L'étirement des communications, les difficultés de l'approvisionnement rendaient chaque opération lente et coûteuse en vies humaines. Faute d'expérience comparable, l'état-major devait improviser.

La première épreuve fut l'organisation des moyens de débarquement : le port néo-zélandais de Wellington ressemblait à une pétaudière; on chargeait et déchargeait simultanément les navires; rien n'ayant été prévu pour protéger les cartons de marchandises de la pluie hivernale, celles-ci pourrissaient sur place ou les cartons se délitaient. Faute de place à bord, les quantités embarquées furent réduites d'un tiers, ce qui obligeait à une victoire en deux mois maximum. Au surplus, cette préparation chaotique affectait le moral des Marines, exposés à la dysenterie, aux coups de froid, et si perplexes devant un tel rationnement qu'ils avaient rebaptisés l'opération des îles Salomon *Shoestring* (« opération au rabais »). Sur place d'ailleurs, les pronostics pessimistes se vérifièrent si bien que le général Vandergrift, responsable de l'objectif Guadalcanal, constatait : « Je sais bien qu'un marine mince est supérieur à un gros, mais pour le coup les gars sont vraiment maigres. » Faire suivre immédiatement l'intendance deviendrait par la suite une règle cardinale des Américains.

Cet inconvénient fut éclipsé par la résistance surprenante des assiégés, ce qui amena l'amiral Nimitz et même l'impétueux général MacArthur à douter du bien-fondé tactique des débarquements. Dès le premier engagement, le 7 août, à Tulagi, au nord des îles, les Américains durent batailler 31 heures pour réduire 800 Japonais. *Idem* à Gavatu et Tanambogo. Seuls 3 soldats ennemis se rendirent et 70 s'échappèrent pour reprendre les armes ailleurs. Déjà handicapés par le combat sur un terrain inconnu où les bruits de la faune les désorientaient, les Marines subissaient attaques nocturnes, tireurs isolés et jusqu'à des assauts au sabre des samouraïs. Devant les dégâts psychologiques causés par cet ennemi réputé « sournois et féroce », le haut commandement prit soin, pour les opérations de débarquement postérieures, de faire distribuer des brochures expliquant les spécificités du combattant italien ou allemand et en quoi il se différenciait du Japonais.

Cette résistance compliquait encore la question des approvisionnements : le 12 août, on rationna les Marines à la moitié des munitions prévues. Comme les Américains n'avaient pas, en outre, la maîtrise absolue du ciel et de la mer, une relative désorganisation se fit entre les marins – soucieux de ne pas rester des proies à l'ancre – et les assaillants. Résultat : après le débarquement à Guadalcanal, un seul bulldozer était à terre; on le fit fonctionner jusqu'à ce qu'il tombe littéralement en morceaux.

En revanche, deux enseignements précieux furent tirés : l'ennemi ne savait précisément ni l'ampleur des troupes débarquées, ni les intentions véritables de l'assaillant. Le 18 août encore, le haut

Ci-contre, page de droite, Avions sur l'un des porte-avions américains engagés dans les mers du Pacifique. © DITE/USIS

commandement japonais croyait à une opération de diversion et envoyait seulement 1 000 hommes en contre-attaque, pour une boucherie de 800 victimes. Les 12 et 13 septembre, le major général Kawaguchi répéta la même erreur, avec cette fois 6 000 soldats. On se battit mètre après mètre, profitant du moindre surplomb. Devant les pertes subies des deux côtés, puis un nouvel assaut du général Hyakutake en octobre, suivi par deux batailles navales, les 12 et 14 novembre, les Américains songeaient à appliquer en Europe la tactique du « saute-mouton » : une fois débarqués, n'avaient-ils pas intérêt à contourner les fortes positions ennemies avant de les encercler, puis de les réduire par épuisement ?

Raphaël Steinberg, *Island Fighting*, Time-Life, 1978

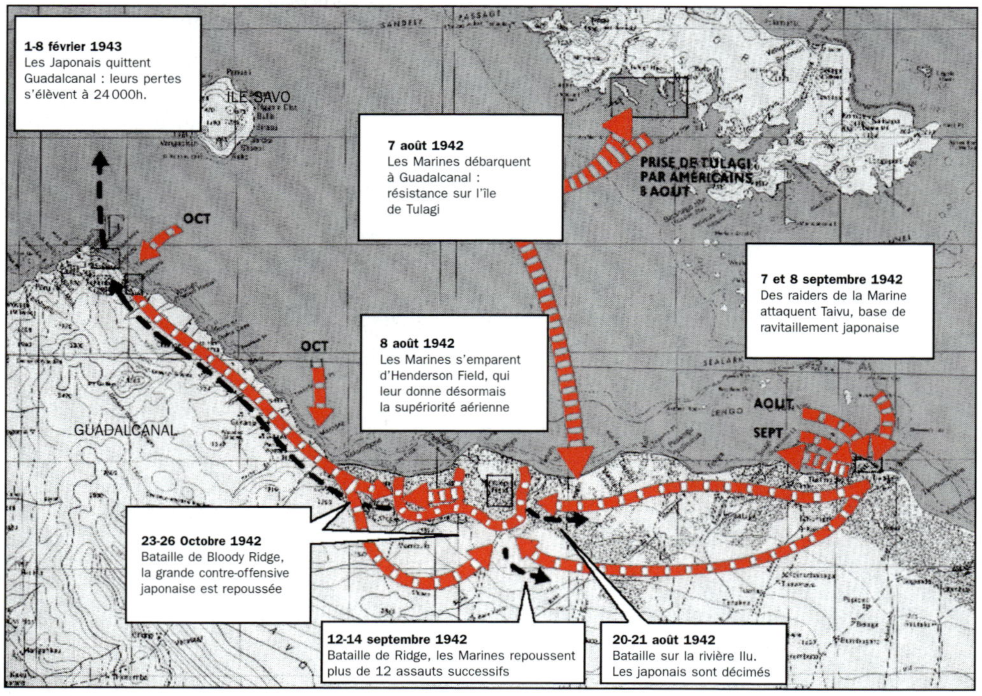

© DR

Les opérations de Guadalcanal.

Ci-contre, page de droite, Cape Gloucester, New Britain (actuelle Papouasie-Nouvelle-Guinée) : débarquement d'un commando de Marines. © Tallandier

Ci-dessous, Peleliu, une île au sud des Palau Islands : ravitaillement des Marines qui ont débarqué le 14 septembre. © DITE/USIS

Novembre 1942 : l'opération *Torch*

Ci-dessus, Troupes américaines débarquant sur la plage de Fedala au Maroc. © Tallandier

Après des mois de discussions (voir Les enjeux stratégiques du « second front ») Roosevelt finissait, le 24 juillet, par accepter la stratégie périphérique prônée par Churchill : un débarquement sur les côtes de la Manche paraissant prématuré, mieux valait s'attaquer à l'Afrique du Nord française, dont le contrôle ferait peser une menace d'attaque en tenaille sur la forteresse de l'Axe. Pour limiter les effets de l'anglophobie des forces vichyssoises, l'opération serait présentée comme américaine, même si les *Tommies*, minoritaires il est vrai, devaient y participer.

Sous le nom de code de *Torch* (« Flambeau »), un plan audacieux visait à établir neuf têtes de pont sur 1 500 km de côte, depuis Safi, au sud du Maroc, jusqu'au cap Matifou, à l'est d'Alger, en débarquant quelque 100 000 hommes, pour s'emparer des trois ports stratégiques, Casablanca, Oran, Alger. On avait songé à pousser jusqu'à Bizerte, mais l'étirement des lignes de communication parut trop dangereux. Car si les forces de l'Axe n'étaient pas installées en Afrique du Nord française, il était difficile de préjuger des réactions des troupes vichyssoises, relativement peu nombreuses mais capables d'occasionner un retard qui menacerait l'expédition.

Trois *Task Forces* composaient une armada impressionnante. L'une, partie des Etats-Unis, emmenait sur deux porte-avions, deux croiseurs de bataille et des cuirassés, 35 000 Américains pour s'emparer de Port-Lyautey au nord du Maroc, de Safi au sud et surtout de Casablanca, un port de guerre qui ouvrait la principale fenêtre sur l'Atlantique. Deux autres *Task Forces*, embarquant 49 000 Américains et 23 000 Britanniques, quittaient la Grande-Bretagne pour Gibraltar. Protégées par la Force H de la *Royal Navy* alignant porte-avions, cuirassés de bataille et destroyers, une de ces flottes devait se diriger sur Oran qui, sans être une place de guerre, était défendue par trois régiments et l'autre sur Alger, le port le mieux équipé de l'Afrique du Nord après Tunis et Alexandrie, bien que démuni de forces navales.

Selon un schéma tactique identique, les débarquements étaient prévus de part et d'autre des ports convoités pour les prendre en tenaille, tandis que des commandos devaient s'infiltrer pour empêcher les sabotages et s'emparer des aérodromes. Le jour J fut finalement fixé à l'aube du 8 novembre.

Le plus étonnant est que la surprise fut totale. Zigzaguant dans l'Atlantique, la force américaine échappa aux sous-marins allemands comme aux avions de reconnaissance français, et provoqua la stupéfaction en surgissant devant Casablanca. Quant aux deux convois méditerranéens, les Italiens et les Français finirent, assez tardivement, par les repérer, mais ils supposèrent qu'ils cherchaient à gêner Rommel en Libye ou à gagner Malte, puisqu'à l'approche de l'île, une fraction de l'*East Task Force* s'était déroutée sur Alger.

Une fois débarqués, malgré leurs efforts pour gagner à la cause anglo-saxonne les cadres militaires vichyssois exerçant un commandement en Algérie et au Maroc, les alliés furent presque partout reçus en intrus, voire en ennemis, par des soldats rapatriés de Syrie ou du Liban et devenus très hostiles aux Britanniques et encore plus par des marins qui gardaient le souvenir de la destruction d'une partie de la flotte de haute mer française, à Mers El-Kébir, le 3 juillet 1940.

C'est au Maroc que les combats furent les plus violents. Les débarquements se déroulèrent sans trop d'encombres à Safi et à Port-Lyautey. Mais ils furent plus difficiles sur les plages de Fedala. L'amiral Michelier disposait pour défendre Casablanca de la 2e escadre légère, sans parler du *Jean Bart*, un cuirassé de 35 000 tonnes, certes inachevé, mais muni d'une redoutable tourelle quadruple. Le 10 au soir, les Américains n'avaient pas encore conquis Casablanca, alors que les Français avaient déjà perdu 462 marins et 365 soldats. En direction d'Oran, les débarquements à Arzeu et sur les plages des Andalouses se firent sans trop de mal et les combats furent moins rudes. Mais les Britanniques perdirent deux sloops qui tentaient de passer en force. Et le 10, le général Barreau n'était toujours pas décidé à se rendre.

Dans l'Algérois, en revanche, confrontés à des adversaires peu nombreux, les Anglo-Saxons débarquèrent aisément à Sidi-Ferruch, Castiglione et au cap Matifou ; et si deux destroyers britanniques échouèrent à entrer dans le port, un armistice local mettait fin dès le 8 au soir aux combats qui se menaient de façon sporadique dans la ville.

Finalement, alors qu'à Oran, et plus encore à Casablanca, s'opposaient toujours des forces françaises demeurées loyales à Vichy et des troupes américaines, Alger imposa la solution politique d'un cessez-le-feu généralisé. On mettait ainsi fin à des affrontements qui auraient pu devenir violents, en tombant, il est vrai, dans le piège des guerres franco-françaises.

Samuel Eliot Morison, *History of United States Naval Operations in World War II*, volume 9, 2001

Les débarquements de l'opération Torch.

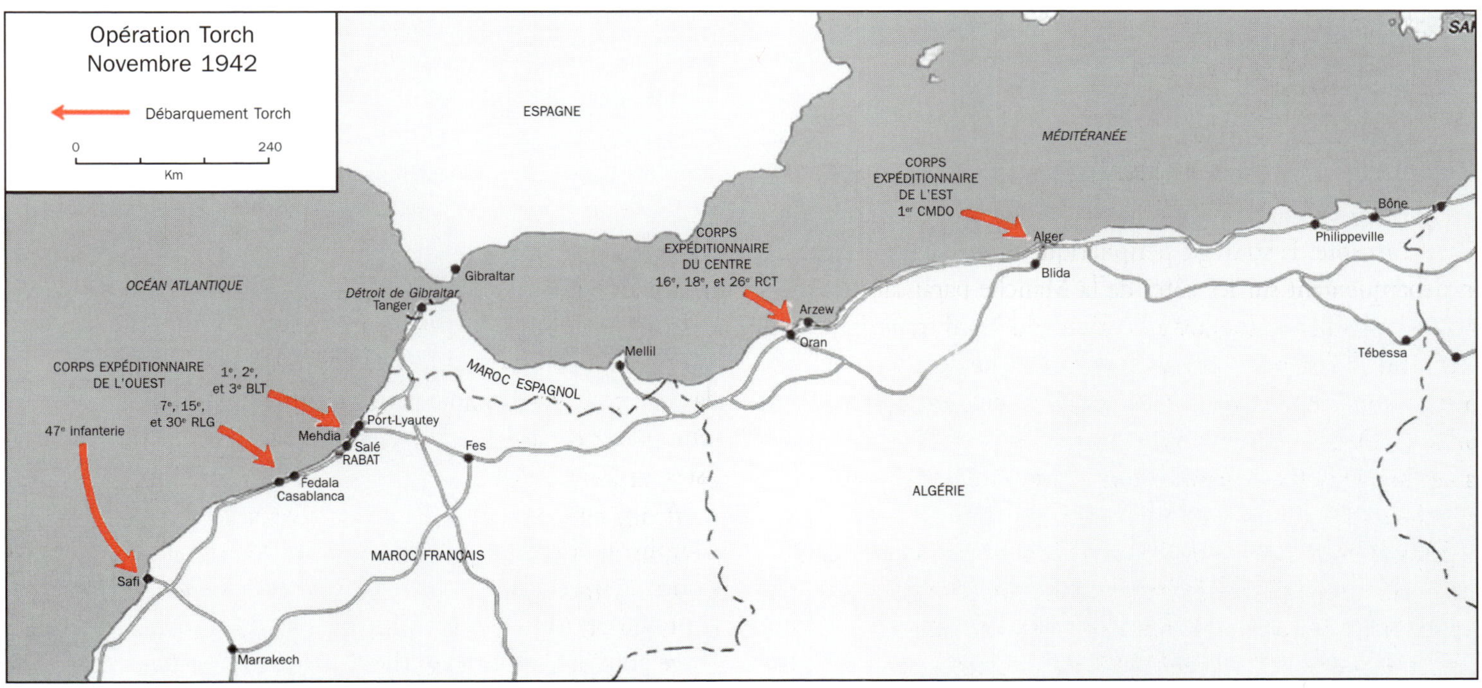

Réussite militaire et imbroglio politique

Ci-dessus, Alger, novembre 1942 : Cunningham, Clark, Darlan et Eisenhower. © Keystone

Les Anglo-Saxons avaient mené à bien l'opération *Torch*, dont Eisenhower, nommé le 14 août chef interarmes, estimait à moins de 50 % les chances de réussite. Patton, dans un style très américain, déclarait même remercier la « divine Providence » d'une « intervention » qui avait sauvé une entreprise si « hasardeuse ». C'était en effet un beau succès, reconnu aussi bien par Churchill, Roosevelt, Staline et même, dans son registre, par Hitler.

Cette opération amphibie d'une ampleur inégalée, coordonnée très loin des bases de départ avait, en moins d'une semaine, « sécurisé » la façade atlantique de l'Afrique, accéléré la retraite de l'*Afrika Korps*, et menaçait directement le flanc sud de l'empire de l'Axe. Mais Eisenhower avait dû ajourner la campagne de Tunisie qui aurait dû suivre : trop de temps avait été perdu, les chars s'engluaient dans la boue avec les pluies d'automne. Le baptême du feu des soldats américains n'avait pas été glorieux. Un certain nombre d'entre eux s'étaient noyés, malgré la clémence du temps, avec des bardas alourdis de moustiquaire, masque antipoussière, épurateur d'eau, tablettes de sel *made in USA*, etc. Les transmissions s'étaient révélées médiocres, le débarquement du matériel trop lent. La priorité donnée par le Reich à la conquête de Stalingrad l'avait opportunément contraint à se contenter du contrôle de la Tunisie, et à se limiter à quelques torpillages et une seule attaque de la *Luftwaffe*. Il n'en serait, à l'évidence, pas toujours ainsi.

Avec l'opération *Torch*, enfin et surtout, la question française, posée pour la première fois dans toute sa complexité, embarrassait les autorités américaines. Certes, l'envoyé particulier de Roosevelt, Robert Murphy, avait pris des contacts préalables pour rallier des officiers supérieurs, les généraux Mast et Béthouart à Alger et à Casablanca. Tenant Charles de Gaulle à l'écart, à défaut de Weygand trop attaché à la Révolution nationale pour entrer en dissidence, les Américains croyaient trouver en Henri Giraud, un général à cinq étoiles qui venait de réussir une évasion spectaculaire, le chef qui pourrait s'imposer militairement en Afrique du Nord. Ils comptaient aussi sur quelque 200 jeunes militants antifascistes regroupés autour de José Aboulker, aidé par cinq personnalités nationalistes, pour s'assurer des points vitaux d'Alger.

Mais rien ne s'était passé comme espéré. Le retard pris par les alliés n'avait pas permis aux insurgés algérois de tenir suffisamment longtemps face aux troupes « loyalistes ». Pire encore, le général Barreau, à Oran, Noguès et l'amiral Michelier, au Maroc, avaient estimé devoir repousser l'« envahisseur ». Les combats avaient fait 480 morts du côté anglo-saxon et au moins 1 350 dans les rangs français et il ne restait plus aux Américains qu'à les tenir pour des « malentendus », en se gardant de désarmer les loyalistes vichyssois.

A Alger, alors, se joua une singulière partie de poker politique. Murphy, puis le général Clark, le bras droit d'Eisenhower, firent le forcing pour qu'un cessez-le-feu ouvre la voie à un arrangement politique même médiocre. En face, l'amiral François Darlan, arrivé pour des raisons familiales à Alger, commandant en chef de toutes les armées vichyssoises, et récemment promu au rang de successeur du Maréchal, avait bien du mal, comme le général Juin qui avait en charge les forces françaises en Afrique du Nord, à concilier la situation de fait et sa loyauté envers Pétain. Car l'opération *Torch* sapait la ligne défendue par Vichy, cette neutralité officielle qui exigeait de défendre l'Empire contre les Alliés. Le 10, Pétain déclarait : « J'avais donné l'ordre de se défendre contre l'agresseur ; je maintiens mon ordre. » Des négociations compliquées s'engagèrent entre les Américains excédés, mêlant marchandages et menaces, un Darlan, naviguant à vue, qui acceptait dès le 8 une suspension d'armes pour la seule place d'Alger, un général Juin plus pragmatique, alors que Giraud, tardivement arrivé à Alger, était tenu à l'écart. L'invasion par la *Wehrmacht*, le 11 novembre, de la zone sud de la France occupée, permit à Darlan, prenant prétexte de cette rupture de l'armistice, de changer de camp en affirmant par précaution – ce qui est un faux notoire –, que Pétain avait donné son agrément au ralliement de l'Afrique du Nord aux Américains.

L'Algérie et le Maroc devenaient de fait des sortes de protectorats américains. Darlan s'autoproclamait haut-commissaire en Afrique, avec l'assentiment de Roosevelt, qui le considérait comme un « expédient provisoire », mais à la fureur de Churchill et à l'indignation de Charles de Gaulle soutenu par les mouvements de Résistance. Les plus perspicaces des Américains pressentaient qu'ils n'étaient pas débarrassés pour autant de l'irritante question française.

Jean-Baptiste Duroselle, *Politique étrangère de la France. L'Abîme 1939-1944*, Le Seuil, 1990

Jean-Louis Crémieux-Brilhac, *La France Libre*, Gallimard, 1996

Ci-dessous, Le petit peuple algérois accueille dans un premier temps les Américains libérateurs. © ECPA-D

Répétition générale en Sicile

Ci-dessus, Balles traçantes de défense antiaérienne navale américaine à Gela, Sicile. © DITE/USIS

« C'était comme une ville d'acier qui glissait sur l'eau. Même à bord, on était impressionné par la masse des navires. » Le 3 juillet 1943, la plus grande flotte d'invasion jamais rassemblée jusqu'ici dans l'histoire cingle vers la Sicile : 3 300 bateaux participent à l'opération *Husky.* Sa décision avait été arrachée par Churchill à la conférence de Casablanca (janvier 1943) avec la profusion d'arguments qui lui était coutumière.

Historiquement, la Sicile était une « terre d'invasion », depuis les Grecs jusqu'aux Sarrasins, Normands, Angevins et autres Espagnols ; stratégiquement il s'agissait de sécuriser les lignes de communication de Gibraltar à Suez, puis de contraindre l'Italie à déposer les armes ; diplomatiquement, l'entreprise répondait à la demande soviétique de créer un nouveau front en Europe ; militairement, c'était un moyen d'économiser les hommes – Churchill était hanté par les pertes de 14/18 – et de définir des procédures qui serviraient lors du jour J.

Sur ce point, l'expérience fut un succès. Les 10 et 11 juillet, les Alliés réussirent à parachuter, trois heures avant le débarquement, 4 600 hommes pour l'opération aéroportée la plus importante de la guerre à cette date. Puis, en 48 heures, ils firent débarquer 80 000 hommes, 700 véhicules, 600 tanks et 900 pièces d'artillerie. L'intendance suivait avec des moyens qui étonnaient même le haut commandement : on avait prévu jusqu'aux lames de rechange des rasoirs en plastique (une nouveauté), trois bidons de dentifrice par jour, 16 kilos de confiseries, tablettes chocolatées et chewing-gum par centaine d'hommes, sans oublier un « guide du soldat en Italie » pour chacun, initiative qui serait reprise pour la France.

Le reste fut moins brillant, mais les mécomptes de Sicile fournirent une moisson d'enseignements. D'abord, quant à la difficile cohabitation des généraux américains et britanniques. Les premiers, à commencer par Marshall, le commandant en chef de l'état-major, doutaient du bien-fondé de l'opération, des qualités de stratège de Montgomery et de son plan, consistant à débarquer au sud de la Sicile selon une ligne Licata-Gela-Ponte Grande. Les Britanniques avaient une piètre estime de la valeur des troupes américaines après leurs déboires face aux Allemands en Afrique du Nord. Résultat : les états-majors de la 8e armée britannique et de la 7e américaine s'ignoraient. On avait cru trouver un compromis en désignant le général Eisenhower commandant suprême et en le flanquant d'adjoints tous britanniques ; en pratique, Bradley, Patton et Marshall référaient à Eisenhower ; Alexander, Tedder, Cunningham et Montgomery se concertaient. La leçon de la discorde serait retenue en juin 1944.

Ensuite, on prêta une attention insuffisante aux conditions du débarquement. Juillet avait été choisi, à la demande des aviateurs, en raison de la clarté de la lune et contre l'avis des marins, favorables à une approche qui les exposait moins. Or, les résultats furent à l'inverse des prévisions. Exposé au feu des défenses côtières, le blindage des navires résista ; en revanche, les planeurs – pris dans un vent violent – s'égarèrent et furent des proies pour la DCA adverse. Sur les 144 planeurs anglais, 70 s'écrasèrent ; quant aux 3 400 parachutistes américains, ils se retrouvèrent éparpillés sur le terrain, à tel point que le chef, le colonel Gavin, doutait d'avoir atterri en Sicile. L'effet de surprise fut par contre impressionnant : les Italiens et les Allemands, submergés d'informations, croyaient qu'au moins 20 000 parachutistes avaient sauté derrière leurs lignes.

Le comportement des 30 000 Allemands constituait une donnée lourde dans la préparation de l'opération française. Il y avait eu deux bonnes surprises initiales : la médiocre résistance de la *Luftwaffe* malgré ses 800 appareils et des pilotes expérimentés ; le déroulement du débarquement proprement dit, selon l'horaire et avec les pertes prévues, malgré des anicroches. A Gela, les Rangers avaient barboté 500 mètres avant de toucher la plage et cela leur avait coûté un peloton. Mais la résistance au sol prit les alliés de court : sachant qu'il ne pouvait tenir les plages, le général Conrath dissimula les chars Tigre de la division *Hermann Goering* dans les oliveraies et lança, avec eux, trois opérations de refoulement contre lesquelles même les canons de 6 pouces du *Savannah* n'avaient qu'un effet de retardement. De plus, l'Allemagne achemina 20 000 soldats supplémentaires en 48 heures – dont la 1re division parachutiste et la 29e *Panzer grenadier* –, tandis que le général Hobe venait en personne diriger la bataille sur la ligne de front. Capacité et vitesse de réaction, audace manœuvrière et volonté de se battre avec la conviction – jusqu'au 13 juillet au moins – de pouvoir repousser l'envahisseur. Tout cela laissait présager « une sale affaire, en fait un vrai merdier » (Patton, le 12 juillet) si l'on s'attaquait à la forteresse France.

Ainsi, l'opération *Torch* mise à part, les précédents en matière de débarquement n'incitaient guère à l'optimisme.

Jean-Christophe Notin, *La Campagne d'Italie*, Perrin, 2002

Robert Wallace, *The Italian Campaign*, Time-Life, 1978

Ci-contre, Les hommes marchent en ligne pour atteindre la plage. © DITE/USIS

2. Les enjeux stratégiques du « second front »

Les enjeux vus d'Amérique

Ci-dessus, La maîtrise de l'air fut l'une des clefs de la réussite. Construction en série des bombardiers B29. © Tallandier

Lorsque les Etats-Unis entrent en guerre le 7 décembre 1941, rien ne permet d'indiquer que priorité va être donnée au théâtre européen. C'est après tout une attaque japonaise sur Hawaï qui met fin au désir de neutralité d'une majorité d'Américains.

Le Président Franklin Roosevelt s'est personnellement impliqué dans le soutien de l'Angleterre face à l'Allemagne nazie. Comme de nombreux Américains aisés de la côte Est, il se sent lié à l'Europe par ses ancêtres : à la France par la famille de sa mère, les Delano, et à la Hollande par sa famille paternelle, les Roosevelt. Il est également lié à l'Angleterre par son milieu social « WASP » (White Anglo-Saxon Protestant). Son hostilité à l'Axe est partagée par la plupart des Américains (à l'exception de certains Américains d'origine allemande ou italienne), qui sont aussi très majoritairement « isolationnistes ». Les isolationnistes ne voulaient pas que les Etats-Unis se mêlent des affaires internationales. S'ils étaient désireux de développer leur commerce international, ils refusaient de s'engager dans une guerre étrangère ou dans des occupations militaires. Par-dessus tout, ils suspectaient cette vieille Europe aristocratique de vouloir impliquer des Américains vertueux et pacifiques dans leurs sombres projets impérialistes.

Les Etats-Unis demeurant neutres, le Président Roosevelt tente de préparer l'opinion publique à une guerre inévitable contre l'Allemagne, fournit à la Grande-Bretagne une aide qui les place en position de quasi-belligérance et renforce l'armée américaine. L'isolationnisme demeure pourtant si puissant qu'il faut attendre le 12 août 1941 pour qu'une loi étende le recensement militaire obligatoire (la conscription) à 18 mois. Elle n'est votée à la chambre basse du Congrès, la Chambre des Représentants, qu'à une voix de majorité (203 contre 202).

Une fois réélu en 1940, Roosevelt peut poursuivre plus librement ses efforts d'aide discrète à la Grande-Bretagne. En janvier 1941, des pourparlers militaires secrets avec les Britanniques (les « Conférences ABC ») débouchent sur un engagement écrit donnant « priorité à l'Europe » en cas d'implication américaine dans le conflit (« ABC-1 »). Lorsque, le 22 juin 1941, l'attaque allemande provoque l'entrée en guerre de l'Union soviétique, Roosevelt parvient à inclure les Russes parmi les bénéficiaires de l'aide militaire de la loi « prêt-bail », malgré une forte réticence de l'opinion publique à aider les communistes. Du 9 au 12 août 1941, des rencontres secrètes entre Roosevelt et Churchill, à bord de deux cuirassés au large du Canada, débouchent sur une déclaration publique commune, la charte de l'Atlantique Nord (le 14 août), affirmant l'attachement des signataires à des valeurs telles que la liberté, le libre-échange, le droit à l'autodétermination et appelant à la création, dès la fin des hostilités, d'une structure internationale de maintien de la paix. Quinze nations opposées à l'Axe, dont l'Union soviétique, y adhèrent rapidement.

L'opposition à la stratégie de « l'Europe d'abord » demeure pourtant forte aux Etats-Unis. L'US Navy, par exemple, regarde surtout vers le Pacifique. De nombreux officiers haut gradés craignent que les Britanniques n'utilisent les soldats américains pour défendre leur empire. Jusqu'au jour J, certains militaires de premier plan, comme le général MacArthur, commandant des forces américaines dans le Pacifique, et le responsable des opérations navales, l'amiral Ernest J. King, désirent donner la priorité à la guerre contre le Japon.

Double page précédente, Le statège Dwight Eisenhower (au premier plan, en uniforme sombre) joue à une bataille navale d'un genre particulier. © DITE/USIS

La déclaration de guerre d'Hitler contre les Etats-Unis, le 11 décembre 1941, permet à Roosevelt de mettre en avant sa stratégie de « l'Europe d'abord. » Le Premier ministre Churchill s'envole immédiatement vers Washington pour participer à la première rencontre publique des deux chefs alliés (dont le nom de code est *Arcadia*). Ils créent un corps interallié veillant à coordonner l'effort de guerre des deux nations, le Combined Chiefs of Staffs (ou CCS, état-major combiné).

Appuyée sur des forces armées britanniques endurcies et expérimentées, la figure de Churchill domine l'alliance à ses débuts. Le potentiel militaire américain est alors toujours aussi dérisoire, malgré près d'un an de réarmement actif. Les décisions stratégiques des dix-huit premiers mois, y compris l'invasion de l'Afrique du Nord française en novembre 1942 (l'opération *Torch*), reflètent les exigences britanniques. Roosevelt accepte *Torch* pour permettre aux forces américaines d'être engagées sur le front de l'Ouest en 1942, mais doit l'imposer à des généraux réticents. Ces derniers s'opposent déjà, comme ils continueront de le faire, à toute dispersion des troupes, empêchant ainsi un débarquement massif sur les côtes françaises.

La forte amitié entre Roosevelt et Churchill et la victoire commune de 1945 ne doivent pas laisser croire que les relations anglo-américaines ont été faciles durant la guerre. Elles ont été difficiles et tendues. La tentation américaine de rediriger l'effort de guerre vers le Pacifique n'a jamais faibli, et la suspicion et les différences culturelles (déjà mentionnées) n'ont pas cessé de provoquer des conflits.

Les Britanniques, ayant porté seuls le poids de la guerre depuis un an et demi tandis que les Américains gardaient leurs distances, estimaient que leur expérience du combat, leur longue tradition militaire et leur position de point de départ obligé pour toute invasion du continent, devaient leur donner le rôle principal au sein de l'alliance. Mais de nombreux officiers et fonctionnaires américains pensaient que la supériorité de la contribution en hommes et en matériel devait leur garantir cette même prédominance. Ils soupçonnaient également Churchill de vouloir utiliser les forces américaines pour servir les « petits intérêts » britanniques en Méditerranée et au Proche-Orient, d'une façon qui pourrait être prolongée après la guerre par des « sphères d'influence » et un « équilibre des pouvoirs ».

Ci-dessus, Sur l'*Augusta,* dans la baie d'Argentia, au large des côtes de Terre-Neuve, Roosevelt reçoit Churchill : le 14 août 1941 est publiée la charte de l'Atlantique. © USIS

Hésitations et confrontation entre Anglais et Américains

Ci-dessus, Soldats américains à leur arrivée en France, 1917 ou 1918. © Rue des Archives/TAL

En 1939, l'armée américaine a des effectifs inférieurs à ceux des armées belge ou roumaine. Ses deux seules divisions stationnent à la frontière mexicaine. Ce n'est pas « une armée à la mode européenne, mais une police des frontières régulant les mouvements des Indiens et des Mexicains ».

Les Américains possèdent toutefois une certaine tradition militaire influencée par deux courants contradictoires. La guerre de Sécession (1861-1865) est le socle de la tradition militaire américaine. Première guerre industrielle dans le monde entre des armées de masses composées de conscrits, la guerre de Sécession voit apparaître les vastes mouvements de troupes par voies ferrées et la production industrielle de l'armement. Il en résulte des pertes terribles. Le Nord, dont les armées sont commandées (durant les deux dernières années) par le général Ulysses S. Grant, l'emporte avant tout grâce à son imposante production industrielle. La victoire de Grant malgré les capacités de manœuvre supérieures du général confédéré (sudiste) Robert E. Lee et de son célèbre subordonné le général Thomas J. « Stonewall » Jackson laisse un héritage : la préférence pour les attaques frontales appuyées par une écrasante supériorité matérielle.

Le deuxième courant met en avant la mobilité et la rapidité d'exécution. Durant la guerre d'indépendance américaine (1776-1783), les milices coloniales mobiles viennent à bout des pesantes armées professionnelles de l'Empire britannique. Durant la guerre de Sécession, les héros de la cavalerie sudiste, comme J.E.B. Stuart ou Nathan B. Forrest font partie des praticiens les plus chevronnés de la manœuvre et de l'effet de surprise. Les combats contre les indiens du XIXe siècle mettent eux aussi l'accent sur le mouvement.

Ainsi, les tenants de la mobilité et ceux de la supériorité numérique s'affrontent au sein des plus hautes instances de l'armée américaine. Certains observateurs voient dans la campagne de Normandie l'application de ces deux traditions, avec des résultats différents. Si le goût pour la manœuvre dote l'armée américaine de divisions entièrement mécanisées et du char Sherman, souple d'emploi mais faiblement blindé, l'influence stratégique prédominante demeure celle de Grant : l'utilisation directe de la supériorité numérique.

La participation américaine à la Première Guerre mondiale est trop brève pour influencer fortement la tradition militaire et les Américains sont tributaires des Français, qui les équipent et les ravitaillent : le Corps Expéditionnaire Américain (AEF, *American Expeditionary Force*) ne subvient qu'à 40 % de ses besoins, mais il n'est pas sous commandement français. Tout comme le général de Gaulle plus tard, et dans une position de faiblesse identique, le général Pershing, conformément aux instructions du président Wilson, refuse que les forces américaines soient sous un autre commandement que le sien.

Durant l'entre-deux-guerres, le prestige de l'armée française est immense au sein de l'armée américaine. Les officiers américains les plus capables sont envoyés à l'Ecole de Guerre de Paris.

Parmi eux, le général H. S. Haislip futur commandant du XVe Corps, auquel la 2e DB du général Leclerc est rattachée lors de la percée d'Avranches vers la Seine en août 1944.

Les soldats que les Britanniques ont engagés sur le continent européen depuis le XVIIIe siècle étaient des professionnels dont l'expérience n'a eu que peu d'impact sur le grand public. Cette tradition militaire s'est même presque évanouie durant le siècle de paix qui suit l'exil de Napoléon. Mais les effets de la Grande Guerre se font encore sentir en 1940. Les généraux anglais refusent d'engager sur le continent leurs maigres contingents de jeunes gens sans l'assurance d'une supériorité écrasante.

En juin 1944, après presque cinq années de combats en Europe, en Afrique du Nord, au Proche-Orient et en Asie du Sud, l'armée britannique est en effet exsangue. Alors que les Américains prévoient de combler leurs pertes en incorporant, au sein de leurs unités, des contingents de troupes fraîches et inexpérimentées, le général Montgomery ne dispose pas de réserves. Ceci explique sans doute la prudence excessive dont il fera preuve, selon ses contradicteurs, lors de sa poussée sur Caen (qui tombe seulement le 8 juillet), puis lors de l'offensive qui suit. Ses échecs à percer vers la plaine de Falaise lors de l'opération *Goodwood* (18-20 juillet) et à prendre Vire lors de l'opération *Bluecoat* (28 juillet-2 août) contrastent avec les larges percées des généraux Bradley et Patton après le 25 juillet. Montgomery et ses défenseurs ont maintenu que ses forces avaient accompli exactement ce que l'on attendait d'elles : fixer le gros des forces blindées allemandes autour de Caen tandis que les Américains effectuaient leur percée à travers les plaines à l'ouest de Saint-Lô. Les Britanniques ont ainsi fait face, durant la campagne de Normandie, à une résistance bien plus importante que les Américains.

Les Canadiens se voient comme les « oubliés » de la bataille de Normandie. Le rôle substantiel joué par leur nouvelle armée, forte de deux divisions lors du débarquement, est souvent méconnu. En 1944, le souvenir cuisant des terribles pertes subies par les forces canadiennes lors du raid sur Dieppe en août 1942 est dans tous les esprits. Les deux divisions canadiennes qui débarquent sur *Juno Beach* ont une mission importante : la capture de l'aérodrome de Carpiquet, près de Caen. Elles progressent plus profondément dans les terres le premier jour qu'aucune autre force alliée. Elles doivent ensuite faire face aux principales contre-offensives allemandes des deux premiers jours et sont repoussées. Certains prisonniers canadiens sont exécutés par les soldats de la 12e division SS *Hitler-Jugend* les 7 et 8 juin. Par la suite, elles remportent d'importants succès locaux lors de leur poussée vers Falaise, aux côtés de la 1re division blindée polonaise. Mais les historiens canadiens eux-mêmes les taxent de prudence excessive lors de la fermeture de la partie nord de la poche de Falaise, mi-août 1944.

On a souvent opposé, en parlant du débarquement, la stratégie « périphérique » britannique au désir des Américains de concentrer toutes leurs forces pour une attaque massive sur la

Ci-dessus, Les premiers soldats américains débarquent en Irlande du Nord au printemps 1942. © DITE-USIS

« forteresse Europe », sur le point le plus rapproché : les côtes du nord de la France. Churchill, qui a connu le combat pendant la guerre des Boers, était fasciné par la guerre et avait inlassablement lu et écrit à son sujet. Il avait des vues très arrêtées sur la stratégie alliée et, dans son esprit imaginatif, les approches obliques et périphériques semblaient plus intelligentes que la préférence américaine pour les attaques frontales. Il entendait chercher et trouver les points faibles situés à la périphérie de l'empire nazi.

Mais le débat ne se résume pas à un affrontement entre la cervelle et le muscle, bien que les Britanniques (et d'autres Européens) aiment à le présenter ainsi. Les deux partenaires diffèrent radicalement, tant sur le plan des expériences nationales que du point de vue des traditions et des intérêts. La survie de l'Empire britannique dépend du maintien de la ligne vitale traversant la Méditerranée et le canal de Suez vers l'Inde. La leçon de Gallipoli (l'échec du débarquement franco-britannique dans les Dardanelles en 1915) est qu'une opération amphibie peut facilement échouer. Les Britanniques gardent surtout en mémoire les bains de sang du front de l'Ouest entre 1914 et 1918. Les fantômes des morts de Paschendaele et de la Somme continuent de hanter la pensée stratégique anglaise en 1940. Il semble fou de jeter encore une fois des masses de jeunes Britanniques contre les Allemands avant que les Alliés n'aient acquis une nette supériorité. D'autant plus que les Britanniques, ayant combattu seuls depuis 1939 contre l'Axe en Europe, en Afrique du Nord, au Proche-Orient et en Asie, sont exsangues. Les Britanniques conservent une certaine prééminence sur le théâtre méditerranéen, mais les Américains, étant donné leur écrasante supériorité matérielle, ne peuvent que dominer une invasion menée à travers la Manche.

Les Britanniques n'acceptent qu'avec difficulté l'importance grandissante de ces Américains inexpérimentés. Le commandant en chef, le général américain Dwight Eisenhower, n'a jamais exercé de commandement sur le terrain. Il s'est hissé à ce poste grâce à ses compétences d'officier d'état-major, à sa diplomatie et à son charme. Ceci explique sans doute ses relations tumultueuses avec le général Bernard Montgomery, commandant britannique des troupes au sol le héros britannique le plus titré de la guerre.

La décision finale du débarquement en Normandie n'est donc pas le résultat d'un processus rectiligne et harmonieux de planification stratégique. Les Anglo-Américains ont avancé tant bien que mal, après des discussions houleuses prenant en compte le développement des combats en Italie, dans les Balkans, sur le front de l'Est et au-dessus de l'Allemagne.

L'ombre de Staline pesait lourdement sur les discussions anglo-américaines. Au départ, les alliés occidentaux craignaient que les Soviétiques ne s'effondrent. Le premier plan d'invasion terrestre de l'Europe (*Sledgehammer*) prévoyait pour 1942 l'établissement d'urgence d'une tête de pont sur les côtes françaises en cas d'effondrement soudain des Soviétiques. On ne disposait alors d'aucune force, même pour une opération suicide de ce genre.

C'est pourquoi les Anglo-Américains s'accordent en mars 1942 pour augmenter rapidement la présence terrestre et aérienne américaine en Angleterre (opération *Bolero*). L'objectif est d'inquiéter Hitler, afin qu'il détourne des troupes du front de l'Est. Par la suite, Churchill a tenté de faire croire que l'opération *Torch* en Afrique du Nord avait soulagé la pression allemande sur le front de l'Est, mais Staline affirma qu'elle ne l'avait pas aidé le moins du monde.

Les armées soviétiques reprenant l'initiative en 1943, les craintes des anglo-américains s'évanouissent. Ils craignent désormais que Staline ne négocie une paix séparée dès qu'il aura atteint les anciennes limites de la Russie impériale. Ils craignent également que les Balkans et l'Europe centrale ne passent sous sa coupe. Les Américains ont toujours considéré les plaintes et les demandes pressantes de Staline d'un débarquement en France avec beaucoup plus de sérieux que les Britanniques. Jusque tard dans la guerre, les Américains pensent par ailleurs que les projets impérialistes britanniques représentent une bien plus grande menace pour l'après-guerre que l'expansion soviétique.

Churchill sait pertinemment que les Anglo-Américains vont devoir débarquer en France. Dès le début 1944, il sait que les Allemands préparent des sites de lancement pour leurs missiles balistiques dans le nord de la France ainsi qu'aux Pays-Bas et qu'il va falloir s'en emparer. Mais ce n'est pour lui que l'un des plans alliés ; aucun autre ne doit être abandonné ou diminué à son profit.

Après la défaite de l'Axe en Afrique du Nord en mai 1943 (la première performance des Américains y est d'ailleurs peu rassurante), Churchill veut concentrer l'effort anglo-américain contre l'Italie. Les Américains se montrent réticents, comme toujours, à détourner des ressources du plan d'invasion de la France et à décevoir Staline une fois de plus. Mais Roosevelt donne une fois encore son accord, concédant que l'accumulation des forces en Grande-Bretagne n'est pas suffisante pour permettre un débarquement en France en 1943. Après le débarquement des Alliés en Sicile (10 juillet 1943) et en Italie (2 septembre 1943), les Britanniques se montrent désireux d'y poursuivre l'effort. Cette idée grandit encore après le coup d'arrêt porté à l'avancée des Alliés au sud de Rome et alors que l'assaut amphibie sur Anzio (janvier 1944), plage où les habitants de Rome viennent se baigner le week-end, tourne à l'impasse.

Durant toute l'année 1943 et jusqu'au début de 1944, la question du départ (ou non) de certaines forces engagées en Italie vers la Grande-Bretagne et la date de ce départ font l'objet d'âpres discussions. Churchill pense un temps pousser jusqu'à la trouée de Ljubljana, capitale de l'actuelle Slovénie, un mouvement permettant à la fois de vaincre Hitler, sans la nécessité d'un débarquement très risqué en France, et de barrer la route de l'Europe centrale à Staline (il faut toutefois se garder d'y voir une sorte de prémonition des positions de la future guerre froide).

Rencontrant enfin Staline à la conférence de Téhéran (28 novembre-1er décembre 1943), Churchill et Roosevelt s'entendent sur un débarquement sur la côte ouest de la France (*Overlord*) pour le 1er mai 1944, accompagné par une opération sur les rivages de la Méditerranée (*Anvil*). C'est la pression de Staline qui hâte la désignation d'un commandant en chef de l'opération : ce sera le général américain Eisenhower. Malgré cela, les Anglo-Américains bataillent ferme entre eux pour savoir s'il est judicieux d'affecter des unités combattant en Italie à l'opération *Anvil*, et si oui, à quelle date.

La seule alternative aux débarquements est la guerre aérienne menée contre l'Allemagne (opération *Pointblank)* qui atteint son plein rendement opérationnel en novembre 1943. Les deux commandants anglo-américains, le maréchal de l'air Sir Arthur Harris du *Bomber Command* britannique et le général Carl Spaatz, commandant de la 8e *Air Force* basée en Grande-Bretagne et appuyée par la 15e *Air Force* basée en Italie, pensent que le bombardement stratégique (la destruction de la capacité militaire d'une nation, la ruine des villes, des usines, et l'atteinte au moral) va mettre l'Allemagne à genoux et rendre inutile un débarquement. Jusqu'en mars 1944, les deux hommes résistent aux efforts d'Eisenhower, qui entend les placer sous son commandement et utiliser leurs bombardiers lourds pour appuyer le débarquement.

L'approche de l'échéance permet de mettre tout le monde d'accord. Le 15 mai 1944, lors d'une réunion à laquelle tous les généraux ont été conviés ainsi que Churchill et le roi George VI, le général Montgomery présente le plan et fait part de sa complète approbation. Churchill se lève pour dire que s'il a longtemps émis des doutes, il est à présent nécessaire de soutenir le débarquement de Normandie sans réserve. Pour finir, le roi se lève pour quitter la pièce, passe devant les généraux et les amiraux en rangs, serre la main de chacun et marque une pause devant le général Eisenhower. « Votre Majesté, lui dit Eisenhower, 11 000 avions seront dans les airs le jour J et l'opération *Overlord* est appuyée par la plus vaste armada de l'histoire. Elle n'échouera pas. »

Russel F. Weigley, *Eisenhower's lieutenants : The campaigns of France and Germany, 1944-1945*, Bloomington, Indiana, 1981.

David F. Trask, *AEF and Coalition Warmaking, 1917-1918*, Lawrence, Kansas, University Press of Kansas, 1993.

Ci-dessus, Churchill rencontre Roosevelt à la Maison blanche le 13 janvier 1942. © Keystone

Le tournant sur le front de l'Est

Ci-dessus, Panzer VI Tigre.
© Coll. Roger-Viollet

Après que Hitler eut attaqué le 22 juin 1941, sans crier gare, l'URSS, son partenaire du pacte Molotov-Ribbentrop, le front de l'Est était devenu le principal théâtre d'opérations en Europe. Jusqu'à la fin, les Allemands durent concentrer le gros de leurs forces, augmentées de détachements fournis par leurs alliés et amis, l'Italie, la Roumanie, la Hongrie, la Slovaquie, l'Espagne, sur un front de 2 100 km s'étirant de la Baltique à la mer Noire. C'est là qu'ils subirent l'essentiel de leurs pertes. Jusqu'au débarquement de Normandie, 4 480 000 hommes y furent tués, blessés ou portés disparus, soit 92 % des pertes totales dans cette période.

Les espoirs vivaces d'une victoire décisive s'étaient heurtés à la réalité d'une gigantesque guerre d'usure. Elle consumait les forces d'une Allemagne qui restait certes la plus grande puissance militaire du continent, mais dont le potentiel démographique et les ressources économiques étaient bien inférieurs à ceux de son adversaire soviétique, sans parler de la coalition adverse dans son ensemble.

Comme pour se compliquer la tâche, les conquérants n'avaient pas pris la peine de chercher des appuis parmi les populations occupées de l'URSS. Les dirigeants nazis avaient conçu leur guerre à l'Est comme une guerre d'anéantissement qui devait non seulement faire table rase du régime soviétique, mais encore aboutir à l'asservissement des Slaves inférieurs et à l'élimination des Juifs détestés. Ils firent montre dès le départ d'une violence extraordinaire, pratiquant une politique de représailles illimitée envers les civils et d'abandon à leur sort des soldats ennemis faits prisonniers, dont plusieurs millions allaient mourir de faim, de froid et de maladie. Ce fut le ferment d'une haine qui donna à la guerre sur ce théâtre un acharnement comparable à celui qui marquait la guerre du Pacifique.

Durant les deux premières années, l'Armée rouge fut constamment près de l'effondrement. A la fin de 1941, après avoir perdu de vastes territoires et des troupes en nombre considérable, elle réussit à opérer un rétablissement aux abords de Moscou et à lancer une contre-offensive qui manqua de peu de provoquer une débandade chez l'ennemi. Mais dès le retour du beau temps au printemps 1942, les forces allemandes reprirent leur marche en avant et poussèrent jusqu'à la Volga et au Caucase, des régions riches en ressources dont le contrôle devait permettre de continuer une guerre devenue mondiale.

Hitler put s'emparer du Donbass, mais il ne parvint pas à faire main basse sur les champs pétrolifères de la mer Noire et du Caucase. Et il ne parvint pas davantage à défaire l'Armée rouge, qui chancela, mais ne s'effondra pas. Ce fut le résultat de l'emploi impitoyable par Staline de la « chair à canon » que lui fournissait en abondance la population de son empire, d'une mobilisation économique à outrance, de la discipline terroriste imposée par un régime qui pratiquait sans sourciller la déportation des populations « suspectes », mais aussi de la galvanisation nationaliste engendrée par l'occupation nazie et, enfin, de l'aide anglo-américaine. Une aide à la fois indirecte – la pression, limitée, qu'exerçaient sur l'Axe l'occupation de l'Afrique du Nord et les bombardements alliés – et directe par la fourniture de moyens de transport, notamment de camions et de locomotives. Mais, pour l'essentiel, les Soviétiques supportaient le poids d'une guerre

Ci-contre,
Visée d'un char.
© ECPA-D

Ci-dessous, Tout au long de la guerre se succèdèrent des batailles de chars. Entre le 5 et le 16 juillet 1943, au nord de Karkhov, la formidable bataille de Koursk, opposant 2700 Panzer à 3444 blindés de l'Armée rouge. © ECPA-D

qui fixait le gros des troupes allemandes et leur infligeait des pertes sans lesquelles le débarquement de Normandie n'aurait eu aucune chance de succès.

La résistance soviétique trouva son symbole éclatant à la fin de 1942 dans l'échec de Hitler à Stalingrad. Après trois mois de combat, la plus grande guerre urbaine de l'histoire aboutit à l'encerclement et à la destruction de la 6e armée allemande, puis à la reddition des survivants. En décembre 1942 et janvier 1943, l'armée allemande subit plus de pertes qu'elle n'en avait eues pour conquérir l'Europe dans les années précédentes. Cette défaite rendit célèbre le nom de Stalingrad et marquait un tournant qu'allait confirmer la bataille de Koursk.

Au printemps 1943, la situation était devenue délicate pour Hitler, acculé à une « défensive sans stratégie » (Bernd Wegner). Les Alliés avaient nettoyé l'Afrique du Nord et se préparaient à traverser la Méditerranée, vers la Sardaigne, l'Italie ou la Grèce, cela n'était pas encore clair. Un débarquement en France paraissait improbable, en revanche, de sorte que Hitler se sentit suffisamment en sûreté pour déplacer vers l'est les divisions nécessaires à la préparation d'une nouvelle offensive.

L'objectif de cette opération, appelée « Citadelle », révélait la dégradation de la situation militaire de l'Allemagne. Il n'était plus question de défaire l'ennemi ni même de lui enlever de vastes étendues de territoire, mais seulement d'affaiblir suffisamment sa capacité offensive pour l'empêcher de rendre l'hiver suivant aussi difficile que l'avait été le précédent. Au surplus, le mouvement anglo-saxon redouté en Méditerranée, augmentant le risque d'une défection italienne, interdisait désormais des opérations de longue haleine à l'Est.

L'opération « Citadelle » visait à détruire le saillant créé autour de la ville de Koursk par la contre-offensive soviétique qui avait suivi la chute de Stalingrad. Or, entre mai et juillet, le report répété de cette opération –, Hitler voulant disposer de plus de blindés –, permit aux Soviétiques de se préparer solidement. Staline se laissa persuader par ses conseillers de renoncer à une offensive préventive et d'adopter une position défensive qui devait user l'assaut allemand, avant de passer à la contre-attaque. Un dispositif en profondeur fut établi – huit lignes successives de défense, avec des tranchées, des mines, des obstacles antichars, des positions d'artillerie à feux croisés –, qui dépassait tout ce qui avait été fait jusque-là, même pendant la Grande Guerre.

A la veille de la bataille, le 4 juillet 1943, les deux armées ennemies avaient réalisé, sur un territoire à peine plus grand que celui de la future bataille de Normandie, la plus forte concentration de forces jamais vue sur le front de l'Est : 2 700 blindés soutenus par 1 800 avions du côté allemand, 3 444 et 2 900 du côté soviétique, environ un million d'hommes de part et d'autre. La bataille elle-même fut courte et décisive, comme l'avaient été Sedan, Leipzig ou Waterloo. Au nord du saillant, l'assaut allemand se brisa sur les défenses soviétiques. Au sud, il fut arrêté après quelques jours de violents combats. Le 12 juillet, eut lieu près de Prokhorovka la plus grande bataille de chars de la guerre. Plusieurs centaines de chars s'affrontèrent, laissant au crépuscule la plaine jonchée de carcasses fumantes.

Le lendemain, Hitler annula l'opération. Trois jours auparavant, les Alliés avaient débarqué en Sicile. Des troupes devaient être envoyées d'urgence vers l'Italie, mais aussi vers d'autres secteurs du front oriental où l'Armée rouge passait à l'offensive. L'armée allemande avait subi des pertes irréparables, le rapport des forces basculait sans retour. En août 1943, 2 500 blindés allemands affrontaient 8 200 blindés soviétiques. La disproportion était plus écrasante encore pour l'artillerie.

Le désavantage du nombre n'avait pas empêché, il est vrai, les victoires allemandes de 1941-1942. Mais à présent, l'Armée rouge possédait une habileté opérationnelle, acquise au prix fort, un meilleur encadrement, des troupes décidément motivées et, surtout, une confiance en soi, assise sur des succès retentissants. Elle recevait à présent des usines transférées vers l'Oural lors de la retraite de 1941 un flot de blindés, de pièces d'artillerie et d'avions à la puissance de feu ravageuse. Ses pertes continuaient à être énormes : 7 800 000 soldats pour l'ensemble de 1943 contre 1 600 000 pour l'Allemagne. Mais sa capacité de remplacement, elle ne cessait de grandir, décevant les espoirs de Hitler qui escomptait un épuisement et un écroulement prochains. En 1943, elle perdit trois fois plus de blindés que l'Allemagne, mais réussit dans le même temps à produire un excédent sur ses pertes bien supérieur à celui de l'ennemi.

Les effets de la bataille de Koursk se firent sentir dans les mois suivants. L'offensive soviétique permettait la reconquête de Kharkov et un recul du front de 250 km. Le 6 novembre, Kiev tombait. La partie agricole et industrielle la plus importante de l'Ukraine échappait aux Allemands dont les troupes se trouvèrent bientôt isolées en Crimée réduites à pratiquer une défense active pour freiner et épuiser l'adversaire.

Sur le front de l'Est, on assistait à un tournant. Mais la bataille n'était pas gagnée. En même temps que, pour la première fois, l'espoir d'une victoire soviétique prenait corps, il devenait essentiel que l'alliance de guerre s'affermisse, car sans elle il était douteux que l'URSS puisse l'emporter, sauf peut-être à un prix colossal. L'heure de la diplomatie était venue : les Anglo-Saxons devaient s'engager à mener contre la « forteresse Europe » l'attaque frontale qui hâterait la fin de la guerre.

Rolf-Dieter Müller et Hans-Erich Volkmann (s.d.), *Die Wehrmacht. Mythos und Realität,* Munich, Oldenbourg, 1999.

John Erickson, *Stalin's War with Germany,* vol.2 *The Road to Berlin,* Londres, Weidenfeld and Nicolson, 1983.

Ci-contre, page de droite, Juillet 1943 : un panzer VI Tigre muni d'un canon de 75 mm, un char redoutable. © Coll. Roger-Viollet

Ci-contre, Un char russe en flammes. © ECPA-D

Ci-dessous, Le bazooka et le *Panzerfaust* comportent un tube capable d'envoyer à quelques dizaines de mètres une charge creuse qui peut perforer les blindages de n'importe quel char. © Keystone

Rencontre au sommet

Ci-dessus, A Téhéran, photo officielle. Roosevelt pose en arbitre souverain entre l'« oncle Jo » et l'ami Winston. © Coll. Roger-Viollet

Deux semaines après la prise de Kiev, le 26 novembre 1943, Staline quitta Moscou dans son train. Pour la première fois, les trois grands alliés allaient s'asseoir à la même table. Les dirigeants anglo-saxons s'étaient vus régulièrement au cours des deux années précédentes. Mais ce n'était qu'en août 1942, à Moscou, que Staline et Churchill avaient eu leur premier entretien. Une rencontre houleuse en raison du report du débarquement en France annoncé par le dirigeant britannique. Roosevelt et Staline ne s'étaient, eux, jamais vus.

Le rendez-vous avait été fixé à Téhéran, la capitale d'un pays sous protectorat anglo-soviétique. En route, le « petit père des peuples » fit un arrêt à Stalingrad, sans visiter la ville détruite, puis continua jusqu'à Bakou, d'où il s'envola pour Téhéran. Il arrivait auréolé des victoires récentes d'une Armée rouge qui progressait vers l'ouest. Se rapprochant des frontières de 1941, n'allait-il pas être tenté par une paix de compromis avec l'Allemagne, une possibilité à laquelle il ne s'était jamais privé de faire allusion, ne serait-ce que pour assouplir ses alliés? Pour le maintenir dans l'attelage, il leur fallait lui donner des motifs de poursuivre une lutte épuisante jusqu'à la victoire commune.

Préparée par une rencontre des ministres des Affaires étrangères à Moscou, la conférence commença le 28 novembre avec un luxe de mesures de sécurité. Elle s'acheva le 1er décembre après une série de rencontres qui débouchèrent sur une décision majeure et quelques accords informels.

La principale décision concernait le fameux second front. Staline l'avait réclamé depuis que l'attaque allemande l'avait précipité dans le camp anti-hitlérien. On disait que son ministre des Affaires étrangères, Molotov, n'avait, quand il rencontrait ses interlocuteurs occidentaux, que quatre mots à la bouche : « oui », « non », « second front ». Derrière chaque report, le chef du Kremlin avait suspecté une intention maligne des Anglo-Saxons, celle de faire s'épuiser les deux adversaires avant d'intervenir et de décider de l'avenir du continent (n'était-ce pas le calcul que certains à l'ouest lui avaient prêté au moment du pacte germano-soviétique ?).

Les raisons des Anglo-Saxons étaient, on le sait, essentiellement militaires. Restait que l'absence d'un second front en Europe occidentale ne pouvait pas être compensée par une aide matérielle, même considérable, ni par le bombardement de l'Allemagne, autre palliatif. Avec les victoires de l'Armée rouge en 1943, le risque avait surgi d'une défaite de l'Allemagne ou d'un effondrement intérieur. Aussi n'est-il pas surprenant que l'été 1943 ait été marqué par une crise majeure entre les Alliés, après que Staline eut rompu les relations avec le gouvernement polonais en exil à Londres et annoncé la formation du comité « Allemagne libre » avec des officiers allemands captifs ralliés à la cause soviétique. A Washington, l'idée d'un débarquement s'était du coup imposée. Lui seul permettrait de finir rapidement la guerre, lui seul pouvait bloquer l'avance soviétique.

A Téhéran, un engagement ferme était pris cette fois. Churchill qui bataillait encore pour une opération dans les Balkans dut s'incliner après que Roosevelt eut fait cause commune avec le dirigeant soviétique. Le débarquement aurait lieu en mai suivant, en Normandie, avec une opération supplémentaire en Provence. En gage de leur sérieux, les dirigeants anglo-saxons allaient nommer un commandant en chef – ce fut Eisenhower, désigné le 5 décembre. En échange, Staline promit de lancer simultanément une grande offensive et, à plus longue échéance, d'entrer en guerre contre le Japon.

Le dictateur tenait son second front : le temps des palliatifs était terminé. Mieux, il obtenait, sous la forme d'accords informels, ce qu'il demandait également depuis le début. En dépit de sa position hautement précaire, il n'avait cessé de solliciter âprement l'assurance qu'il pourrait conserver après la guerre les territoires polonais, baltes, finlandais et roumains acquis à la haute saison du pacte Ribbentrop-Molotov. Il en faisait, à l'évidence, un test de la résolution des Anglo-Saxons d'entrer dans une relation durable. Les Anglais, soucieux de reconstruire de concert avec l'URSS, un équilibre européen dans l'après-guerre s'étaient montrés prêts à le faire dès 1942. Mais les objections américaines, élevées au nom de la Charte de l'Atlantique qui demandait l'accord des peuples pour tout changement territorial, les avaient détournés d'inscrire ce point dans le traité d'alliance signé avec Staline en août 1942.

A Téhéran, le chemin parcouru était évident. Sur l'idée d'un affaiblissement durable de l'Allemagne, probablement par un démembrement, l'accord était aisé. Plus frappant était l'assentiment anglo-saxon aux demandes territoriales de Staline. Assentiment explicite de Churchill qui acceptait que la Pologne soit dédommagée sur l'Allemagne de la partie de territoire qu'elle perdrait en faveur de l'URSS. Assentiment tacite de Roosevelt, peu désireux de prendre un engagement public qui pourrait gêner sa réélection l'année suivante, mais qui n'insistait même pas, à propos de la Pologne et des pays baltes, sur le droit des peuples à disposer d'eux-mêmes. Car sa préoccupation était de gagner l'adhésion de l'URSS à l'organisation de sécurité, l'ONU, qui devait régir l'après-guerre.

L'atmosphère dut paraître cordiale et avenante à Staline. Du moins, le maître du Kremlin exprima ses vues très librement. Pour rendre l'Allemagne docile à jamais, il fallait, dit-il, fusiller 50 000 de ses officiers supérieurs ; à quoi Roosevelt avait répondu ironiquement que 49 000 suffiraient peut-être. Staline déclara de même son opposition à toute confédération d'Etats en Europe centrale et balkanique. Et il souhaitait priver de ses colonies la France, un pays dont la classe dirigeante était « pourrie jusqu'à la moelle ». Une fois l'Allemagne également détruite, qui pourrait lui barrer la route ?

Les décisions de la conférence de Yalta, qui se tint, par la suite, en février 1945, se profilaient ici. Depuis les débuts, la « grande alliance » avait été marquée, de part et d'autre, par la méfiance. La rencontre au sommet de Téhéran ne la dissipait pas, mais elle signalait au monde la volonté des trois Grands de poursuivre la guerre jusqu'à la victoire et de construire l'après-guerre en commun. Encore fallait-il que le débarquement réussisse.

Herbert Feis, *Churchill, Roosevelt, Stalin*, Princeton, NJ, Princeton University Press, 1967.

Mark A. Stoler, *Allies and Adversaries : the Joint Chiefs of Staff, the Grand Alliance, and US Strategy in World War II*, Chapel Hill, University of North Carolina Press, 2000.

Ci-dessus, Lors de la conférence d'Anfa (une banlieue résidentielle de Casablanca) qui s'est déroulée du 14 au 24 janvier 1943, Roosevelt et Churchill tiennent, devant des correspondants de guerre, une conférence de presse bon enfant. © Tallandier

Ci-dessus, Du 17 au 24 août 1943, la première conférence de Québec, dite Quadrant, réunit les représentants des pays alliés et leurs conseillers. Au premier plan : le Premier ministre canadien, Mackenzie King, Roosevelt et Churchill ; derrière Roosevelt, l'amiral King. © Keystone

Le Reich au printemps 1944

Ci-dessus, Albert Speer fut l'architecte préféré de Hitler avant d'être promu ministre de l'armement. © Keystone

Au tournant de 1944, l'horizon s'était sérieusement assombri pour l'Allemagne. Il était bien fini le temps des triomphes, des guerres éclairs qui avaient mis à genoux une grande partie du continent en 1940-1941. Fini également le temps où Hitler pouvait jeter les bases du grand empire raciste qui devait regrouper populations allemandes et germaniques (les Scandinaves, les Hollandais, les Flamands..) en mettant à leur disposition les étendues de l'Europe orientale.

La guerre se prolongeant, l'entreprise d'épuration ethnique de Himmler et de sa SS, en Pologne notamment, avait dû être remise à plus tard, tout comme la réfection monumentale des grandes villes du Reich. Seule l'extermination des Juifs d'Europe allait impitoyablement son cours. Au début de 1944, quatre millions et demi d'entre eux avaient été assassinés, et la tuerie continuerait jusqu'à la fin. Pour Hitler, cela au moins serait acquis, quelle que dût être l'issue de la guerre.

Cette issue prenait de plus en plus nettement le visage de la défaite. La disproportion du rapport global des forces devenait vertigineuse avec la mobilisation croissante des ressources ennemies. En 1944, les Etats-Unis, partis de presque rien en 1940, allaient produire à eux seuls 40% des armements mondiaux. Disposant d'une base économique restreinte, l'Allemagne, comme le Japon, avait un besoin vital des ressources des pays conquis, des Alliés et des neutres.

Or elle battait en retraite sur un certain nombre de fronts, comme elle l'avait fait en Afrique du Nord, en Italie, en Ukraine, en Biélorussie. Le front intérieur, du moins, était maîtrisé. Dans les Balkans, la Résistance confinait les Allemands dans les villes et le long des axes de communication. Ailleurs, si elle grandissait, elle ne représentait pas encore un danger militaire.

Diplomatiquement, la situation du IIIe Reich s'effilochait. L'Italie avait rejoint l'alliance ennemie et Mussolini, qui avait pris la tête d'un régime satellite dans le nord du pays, servait d'auxiliaire pour mater les résistances de ses compatriotes. Le risque de contagion aux pays alliés du Reich dans les Balkans, dont les forces engagées à l'Est avaient subi en 1943, notamment à Stalingrad, de lourdes pertes, était devenu fort réel. Et d'ailleurs, la Bulgarie, la Hongrie, la Roumanie engageaient des pourparlers secrets avec les Alliés. Dans l'immédiat, c'était la situation hongroise qui semblait la plus inquiétante. En mars 1944, Hitler exigea du chef de l'Etat, Horthy, l'entrée de troupes allemandes qui tiendraient le pays et prendraient en main son appareil de production, tandis que les Juifs hongrois seraient déportés vers Auschwitz.

Quant aux neutres, ils reconsidéraient leur position. La Turquie, soumise à forte pression alliée, semblait vouloir entrer dans la guerre, ne serait-ce que pour faire pièce à la menace soviétique. Les Suisses eux-mêmes devenaient réticents à changer l'or nazi en francs suisses précieux pour des achats auprès d'autres neutres moins exposés ou plus regardants.

Sur le plan militaire, des moyens limités rendaient difficile la défense avec succès d'un périmètre qui allait du sommet de la Norvège à la frontière espagnole, du midi de la France à la Grèce, de la Roumanie à l'Arctique finlandais, soit 15 250 km en octobre

Les V1, des avions sans pilote devenant de véritables bombes volante, étaient l'une des armes secrètes sur lesquelles tablait Hitler. C'est le 13 juin que commençait le premier bombardement sur l'Angleterre.
© Corbis (*bas*) et Mémorial de Caen

1943. L'ennemi exerçait désormais une pression sur plusieurs fronts simultanément : à l'Est bien sûr, mais aussi au Sud et bientôt à l'Ouest, ce qui obligeait Hitler à éparpiller ses forces. A la fin de 1943, il n'y avait plus sur le front de l'Est que 57% des forces allemandes. Environ 1 million de soldats se battaient en Italie et dans les Balkans, 1 370 000 montaient la garde en Europe occidentale, 400 000 tenaient la Norvège et le Danemark.

Ce périmètre, les puissances anglo-saxonnes pouvaient l'attaquer à l'endroit et au moment de leur choix. Outre l'avantage de la surprise, elles bénéficiaient d'une supériorité aérienne et navale qui devenait quasi absolue. Depuis le printemps 1943, la guerre sous-marine avait basculé en défaveur de l'Allemagne, tout comme la guerre aérienne. Les Alliés bombardaient à présent le Reich jour et nuit, handicapant ses capacités de production et perturbant ses voies de communication. Ils contraignaient, de surcroît, à immobiliser pour la défense anti aérienne un nombre considérable de tubes d'artillerie (environ 20 000) et près d'un million de soldats qui auraient été bien utiles ailleurs. Enfin, le déplacement de troupes d'un front à l'autre, qui se faisait par train, était rendu toujours plus lent, privant l'armée allemande d'un de ses atouts majeurs, la mobilité à travers l'espace continental.

Cela dit, l'Allemagne restait une force redoutable que ses adversaires ne sous-estimaient pas. Son armée reculait à l'Est, mais à un rythme lent, en le faisant payer cher à l'ennemi. En automne 1943, elle avait réussi à prendre sans difficulté la relève de l'armée italienne dans ses zones d'occupation en Grèce, en Yougoslavie et en France, ce qui n'était pas un mince succès, et à occuper, sans coup férir, la Hongrie en mars 1944. En Italie, elle montrait avec éclat sa capacité défensive. Pour les Anglo-Saxons et leurs alliés polonais et français, ce front allait être le plus difficile et le plus sanglant de toute leur campagne d'Europe.

Elle s'employait, par ailleurs, à mobiliser des ressources latentes. Il n'y fallait qu'une volonté de fer, – Hitler l'avait –, et une grande brutalité – les nazis en avaient à revendre. Pour étoffer les rangs qui se clairsemaient, on enrôla davantage d'étrangers dans la Waffen-SS et dans les troupes auxiliaires, comme l'armée Vlassov en Russie. Et, surtout, on ponctionna plus fortement le réservoir de la main-d'œuvre allemande. Le personnel envoyé aux armées serait remplacé par des travailleurs forcés – c'était la tâche du Gauleiter Sauckel, le «négrier de l'Europe». En 1944, environ 7 millions d'étrangers, pour partie des prisonniers de guerre, pour partie des travailleurs forcés, faisaient tourner la machine de production, sans oublier les centaines de milliers de détenus de l'archipel concentrationnaire de la SS, promis à l'« extermination par le travail».

De son côté, soumettant les entreprises à une discipline de fer, Albert Speer, le responsable des armements, parvenait à accroître fortement la production militaire, qui passait de 22% de la production industrielle en 1942 à 40% deux ans plus tard. Quant à Goebbels, il sonnait le rassemblement pour la «guerre totale». Le moral de l'opinion avait été affecté par Stalingrad, la défection de l'Italie, les bombardements incessants. Mais un redressement était perceptible à la fin de 1943. Une grande partie des Allemands restait fidèle au Führer et solidaire des combattants. A cela s'ajoutait le contrôle étroit du parti nazi et la sévérité de l'appareil répressif qui rendaient peu probable un effondrement de l'arrière, une répétition de 1918.

Dans cette mobilisation tous azimuts, Hitler jouait un rôle d'impulsion central. Chef militaire, il intervenait à tous les niveaux opérationnels, éperonnant sans cesse la combativité de ses officiers. Chef politique, il continuait à impressionner dans le parti et l'armée ses fidèles dont la plupart, à son exemple, faisaient comme si la guerre pouvait encore être gagnée. Quelques officiers pensaient, il est vrai, à assassiner le tyran et à mettre fin au conflit en traitant avec les uns ou les autres avant que la catastrophe n'ait tout emporté. Une entreprise courageuse, mais grevée de nombreux aléas.

Dans l'immédiat, Hitler communiquait à son entourage la confiance qu'il avait, sinon en une victoire, du moins en un tournant à venir de la guerre, avant que la différence de potentiel économique n'ait joué à plein en défaveur de l'Allemagne. Cette confiance, il la faisait reposer pour une part, sur la disposition prochaine de nouvelles armes : des chasseurs pour reprendre le contrôle des cieux, un nouveau type de sous-marins pour couler les convois alliés, enfin les fameuses armes secrètes, bombes volantes et missiles, pour répondre aux bombardements alliés par une contre-terreur offensive sur Londres. Bien du retard allait intervenir dans la réalisation de ces projets. L'espoir de battre l'offensive aérienne des alliés se trouva réduit à néant, à partir du printemps 1944, par l'utilisation de chasseurs à longue distance qui leur donna la maîtrise sans retour de l'espace aérien. Quant aux nouveaux sous-marins, la fin de la guerre arriva avant même qu'ils aient pu entrer en service.

Elle reposait, d'autre part, cette confiance, sur l'idée que l'alliance ennemie était contre nature et que le passage du temps la ferait imploser, une fois que les Anglo-Saxons auraient pris toute la mesure du danger soviétique. De ce point de vue, l'avance de l'Armée rouge avait son utilité : elle ne pouvait qu'accroître la défiance entre Alliés. De plus, un danger grandissait à l'horizon, celui d'une tentative de débarquement ennemi en Europe occidentale. Un échec pourrait changer l'issue de la guerre.

Horst Boog, Gerhard Krebs, Detlef Vogel, *Das deutsche Reich in der Defensive. Strategischer Luftkrieg in Europa, Krieg im Westen und in Ostasien 1943-1944/45*, vol. 7 de *Das deutsche Reich und der Zweite Weltkrieg*, Stuttgart, DTV, 2001.

Ci-contre et ci-dessous, Rampe de lancement mobile d'une fusée V2, arme contre laquelle les Alliés n'ont pas trouvé de parade.
Elle est utilisée pour la première fois sur l'Angleterre le 8 septembre 1944.
© Mémorial de Caen

Les décrépitudes de Vichy

Si Philippe Pétain jouissait d'une santé de fer et possédait toute sa tête, ou presque, l'âge aggravait l'une de ses faiblesses : son indécision. Or, depuis l'opération *Torch*, le Reich, désormais lancé dans une guerre totale, faisait peser sur la France occupée une sujétion grandissante. De surcroît, le sommet de l'Etat paraissait en proie à la confusion. En avril 1942, sous la pression allemande, Pétain avait rappelé Pierre Laval en le dotant, comme « chef du gouvernement », de pouvoirs accrus. Il ne l'appréciait que médiocrement, mais espérait qu'il obtiendrait de Berlin des contreparties politiques. Il serait erroné de parler d'un pouvoir bicéphale car le « Maréchal » demeura jusqu'au bout la clef de voûte du système. Mais lorsque, dans l'automne 1943, la conjoncture s'aggrava, conseillé par son entourage et devant l'impopularité croissante de Laval, Pétain chercha à reprendre la main.

Il lui fallait avant tout contrer la « dissidence », prendre de vitesse ce de Gaulle qui, à Alger, devenu politiquement crédible, s'affirmait en chef d'Etat, prétendant même qu'il ferait passer en jugement les responsables de l'Etat français. Comme Hitler, le 28 avril 1943, lui avait pratiquement interdit de changer de chef de gouvernement, Pétain choisit de biaiser en faisant enfin rédiger la Constitution promise en juillet 1940. Une Constitution autoritaire, bien entendu, mais qui semblait présentable, y compris, pensait-on, pour Roosevelt que les maréchalistes entendaient ménager, voire rallier, ce qui également privait de fait Laval du droit de succession.

Le 13 novembre, lorsque Pétain voulut en expliquer la teneur aux Français, les auditeurs, sidérés, eurent droit à un extrait de l'opérette *Dédé*, à la place du message attendu. C'est que le Reich ne voulait en aucun cas une répétition d'une situation à l'italienne, qui avait vu la coalition des opposants au Duce décider en septembre de déserter le camp de l'Axe. Au bout de cinq semaines de crise, ses menaces de démission ne menèrent Pétain, comme c'était souvent le cas, qu'à une soumission totale : reprenant sa place à la tête de l'Etat, il admit que les autorités d'Occupation pourraient censurer toute modification des textes de lois, éloigna la majeure partie de son entourage et accepta même l'installation à l'hôtel du Parc d'un ange gardien un peu spécial, Cecil Renthe-Fink, un diplomate nazi qui détestait la France.

Laval paraissait sortir gagnant de cette épreuve de force, puisque, le 17 novembre, Pétain avait dû reconnaître que « hors des lois constitutionnelles, le chef du gouvernement pourra[it] sous sa signature promulguer les lois ainsi que les décrets ». Mais la pression de Berlin imposait la montée en puissance de l'ultra-droite vichyssoise, représentée par les hommes de la « Milice de l'Etat français », une garde prétorienne créée le 30 janvier 1943, armée dans l'été, en même temps que ses responsables prêtaient serment à Hitler. A partir de janvier 1944, devait émerger une sorte d'Etat milicien contrôlant la propagande (avec un tribun redoutable venu de la droite classique, Philippe Henriot), le maintien de l'ordre (le chef de la Milice, Joseph Darnand, emblématique d'un fascisme plébéien, supervisait dorénavant toutes les polices) et l'administration pénitentiaire. Dans un royaume réduit comme une peau de chagrin, tout allait de mal en pis pour le Vichy maréchaliste.

Robert O. Paxton, *La France de Vichy 1940-1944*, Le Seuil, 1984.

Philippe Burrin, « Vichy » dans Pierre Nora (dir), *Les Lieux de mémoire*, III : *Les Frances*, vol. 1, Gallimard, 1992.

Jean-Pierre Azéma et Olivier Wieviorka, *Vichy 1940-1944*, Perrin, 2000.

Ci-contre, Pierre Laval n'a pas l'air content : les informations apportées par le Maréchal ne sont pas bonnes. © Keystone

Ci-contre, Philippe Henriot, milicien, ministre de l'Information et de la Propagande, prône la collaboration avec le Reich. Il paiera de sa vie en juin 1944 d'être devenu un tribun redouté. © Keystone

À Alger émerge le pouvoir légitime de la nation en guerre

Ci-dessus, Le général Giraud est contraint de laisser venir en Algérie le général de Gaulle qui, à son arrivée le 30 mai 1943, passe en revue un détachement de l'armée d'Afrique. © DITE-USIS

Chapeautée par les Américains, l'« expérience Darlan » se terminait avec l'exécution de l'amiral par un résistant, le 24 décembre 1942, permettant au général Henri Giraud, sous le même patronage, de s'attribuer le titre de commandant civil et militaire en Afrique du Nord. Quelques semaines plus tard débutait un imbroglio baptisé par les historiens la « querelle des généraux », à l'issue de laquelle de Gaulle réussissait à s'installer à Alger, malgré Giraud, le 30 mai 1943.

Si le chef de la France libre devait alors accepter « une solution stupide et bâtarde », la présidence alternée, en un régime bicéphale, du Comité français de la Libération nationale (le CFLN), il mit tout en œuvre pour éliminer politiquement son rival. Giraud n'était pas un adversaire de taille ; Eisenhower, pourtant bien disposé à son égard, l'affirmait à Roosevelt : « Il n'a pas la moindre, je répète, pas la moindre perspicacité politique. » Le séjour d'un mois que Giraud fit alors aux Etats-Unis le flatta, mais laissa de Gaulle libre de se donner une stature de chef d'Etat. Le 31 juillet, Giraud se retrouvait cantonné aux affaires concernant la défense nationale, puis, le 8 novembre, réduit à la fonction de commandant en chef, qui lui fut enlevée le 7 avril 1944.

Pour asseoir sa légitimité – une notion fondamentale à ses yeux – comme celle du CFLN, de Gaulle élargissait cet organisme en y intégrant notamment des représentants de la Résistance comme Henri Frenay, responsable de Combat, ou Emmanuel d'Astier de la Vigerie, de Libération-Sud. Le 3 novembre, il prenait soin de réunir une « Assemblée consultative » qui compta jusqu'à 103 membres. Dont la moitié venaient de la Résistance, et d'autres étaient des parlementaires qui n'avaient pas voté les pouvoirs constituants à Pétain.

Le CFLN mit en œuvre la réorganisation des pouvoirs publics, les modalités de l'épuration, la reconstitution d'une armée française. Restait la question d'une éventuelle insurrection armée. Le 18 avril 1942, de Gaulle n'avait pas hésité : « La Libération nationale ne peut être séparée de l'insurrection nationale. » Préférant par la suite le terme de « soulèvement national », il continuait de refuser que les Français se laissent libérer passivement. Mais la croissance des maquis et la montée en puissance du Parti communiste l'amenaient à trancher deux points cruciaux du débat sur l'insurrection. D'une part, contrairement à ce qu'exigeaient les communistes, le débarquement ne donnerait pas le signal d'un soulèvement immédiat. D'autre part, une « instruction sur l'action militaire de la Résistance » du 31 mars, très technique, prévoyait la Libération comme une action échelonnée dans le temps, variable selon les régions, et, surtout, coordonnée par les seuls représentants du CFLN.

L'attitude des Anglo-Saxons faisait elle aussi problème. Roosevelt manifestait une franche hostilité à l'égard de De Gaulle, estimant que cette diva insupportable pouvait devenir un véritable dictateur. L'animosité provoquée par les heurts des intérêts nationaux était aggravée par les divergences entre les cultures politiques des deux hommes : pour Roosevelt la légitimité, qui ne pouvait se fonder que sur le droit et le verdict des urnes, n'avait que faire de l'Histoire dont se réclamait de Gaulle. Churchill compliquait encore la situation. Le Premier Britannique avait tout d'abord éprouvé une véritable sympathie à l'égard du chef de la France libre ; mais les différends à propos des territoires coloniaux avaient distendu leurs rapports. Il craignait surtout que de Gaulle ne le brouille avec Roosevelt, dont il avait tant besoin, et dont il espérait toujours pouvoir modifier la stratégie.

Sans doute, Eisenhower et quelques autres tenaient-ils l'ancien chef de la France libre pour un partenaire quelque peu difficile mais fiable. De Gaulle était également défendu par une fraction du Cabinet de guerre britannique. L'Afrique du Nord n'en restait pas moins sous une sorte de protectorat américain. Enfin se profilait la menace des projets de l'AMGOT, le Gouvernement militaire allié des territoires occupés. On avait déjà l'exemple ce que cela pouvait donner : le général Alexander nommé, en juillet 1943, gouverneur militaire de Sicile, s'en était vu confier aussi et surtout l'administration civile ; c'est à ce titre qu'il avait suspendu les pouvoirs du roi d'Italie, nommé de nouveaux maires, etc. Le statut des territoires français libérés serait peut-être différent. Mais, par exemple, le bruit avait couru que des officiers de l'AMGOT, jugeant que le QI des Français ne leur permettait plus de regarder autre chose que des films comiques, en préparaient la programmation. Plus sérieusement, le CFLN pouvait redouter que, sous des prétextes militaires, l'administration des zones libérées n'échappe à ses représentants.

Jean-Louis Crémieux-Brilhac, *La France Libre*, Gallimard, 1996.

Ci-contre, Après des discussions orageuses, le général de Gaulle devient, le 3 juin 1943, coprésident du CFLN. © Keystone

Comment tenir « son rang » ?

Ci-dessus, Les goumiers marocains s'illustrèrent tout particulièrement en forçant la « ligne Gustav » à la fin de mai 1943. © coll. A. Ducasse/Tallandier

Affirmer que le conflit n'était pas fini, que la France légitime se battait, c'était l'un des postulats gaulliens. Mais les Forces Françaises Libres – 35 000 hommes en tout en 1943 –, ne recrutèrent qu'après l'opération *Torch*. De Gaulle et Giraud, malgré leurs divergences, s'accordaient alors pour lever dans l'Empire une armée française unique, engagée dans la Libération de la France.

De Gaulle, qui, dès 1942, s'était prononcé pour un débarquement sur les côtes françaises, souhaitait vivement être associé aux décisions des Alliés. Il fut informé, le 27 décembre 1943, du projet d'une double opération en tenaille : le débarquement principal sur les côtes normandes, l'opération *Overlord*, se ferait autour du 1er mai, avec le concours symbolique d'une division française. Pour l'opération *Anvil*, un certain nombre d'unités françaises équipées de matériel américain participeraient au débarquement en Provence. A cette date, les Français, outre les 80 000 hommes engagés en Tunisie et les 110 000 qui allaient combattre en Italie, disposaient pour cette deuxième opération de 250 000 soldats. Ils avaient même, sans soutien allié, libéré la Corse, occupée depuis novembre 1942 par 80 000 Italiens : Giraud avait, de son propre chef, soutenu Ajaccio soulevée après l'annonce de la capitulation de l'Italie, le 8 septembre 1943, à l'appel du communiste Arthur Giovoni dirigeant le Front national. En trois semaines, FFI, soldats de l'armée d'Afrique, un bataillon de choc composé d'évadés de France, plus quelques Italiens, faisaient de la Corse le premier département libéré. Mais si les Français furent plus tard associés à la programmation d'*Anvil*, en attendant Roosevelt les tenaient à l'écart d'*Overlord*.

Cette armée française, il avait fallu la reconstituer. Les trois-quarts des effectifs avaient été recrutés en Afrique et une moitié d'entre eux étaient ce que l'on appelait alors des « indigènes ». La mobilisation de septembre 1943 avait concerné 17 % des Français d'Algérie, mais aussi 250 000 Maghrébins et 60 000 autochtones de l'Afrique occidentale – ce que la métropole devait rapidement occulter. Certaines unités résumaient l'histoire guerrière franco-française. Ainsi la 2e DB mêlait, outre les anciens du Tchad, 2 500 évadés de France par l'Espagne, la majeure part du Corps franc d'Afrique composé d'intellectuels antifascistes et de repris de justice patriotes, une compagnie de Républicains espagnols et, enfin, constituant les deux tiers de l'ensemble, des hommes de l'armée d'Afrique qui avaient servi Vichy. Entre ces derniers et les baroudeurs de la France Libre, les relations étaient tendues. Pour accueillir des artilleurs, naguère fidèles du maréchal, Leclerc leur lançait : « Messieurs, je ne vous ai pas demandés. Il existe entre vous et la nation un fossé profond. Ce fossé, il vous appartiendra de le combler avec vos cadavres. » Et de leur retirer leurs fourragères rouges qu'il ne devait leur rendre qu'en Alsace. Et, le 20 mai, à Tunis, des Français Libres en shorts et calots multicolores avaient défilé avec les Britanniques pour n'avoir pas à le faire derrière les troupes vichyssoises de Giraud parfaitement astiquées. Si dans l'armée de l'air, l'entente fut plus aisée, les officiers de la « Royale » toisaient les marins des Forces Françaises Libres. Et il fallut les entraînements puis les combats pour mettre du liant dans les rangs de l'armée de terre.

Les nouveaux patrons des armées, notamment de Lattre, œuvrant pour cet amalgame, venaient eux-mêmes d'horizons divers. Chargé du corps expéditionnaire d'Italie, Alphonse Juin, un pied-noir, le second de Weygand, avait été, à Berlin, en 1941, mêlé à de douteuses négociations avec le Reich, avant de se ranger, en novembre 1942, du côté anglo-saxon. Jean de Lattre de Tassigny, surnommé pour son panache le « roi Jean », s'était bien battu en 1940. Après divers commandements dans l'Armée d'armistice, il ne s'était insurgé contre Vichy qu'à l'invasion par la *Wehrmacht* de la zone sud. Condamné à 10 ans de détention, évadé, il avait gagné Londres, puis Alger. Giraud et de Gaulle s'entendirent pour lui donner le commandement de l'Armée B. Enfin, un gentilhomme picard, Philippe de Hautecloque-Leclerc, était déjà emblématique à lui seul de l'épopée de la France libre. Gaullien inconditionnel, ce moine-soldat, habité par la mystique de la patrie – jurant d'effacer la honte de 1940, et d'entrer dans Strasbourg après avoir libéré Paris –, s'était, en juillet 1940, emparé du Cameroun avec 23 hommes. Il avait mené en 1941, à travers 1 600 km de désert, un raid sur Koufra, puis bataillé dans le Fezzan avant de tenir tête à Rommel à la frontière tuniso-libyenne. Mis à l'écart en Tripolitaine pour non-conformisme, il finissait par recevoir le commandement de la 2e DB formée au Maroc et envoyée en Grande-Bretagne.

Jean-Louis Crémieux-Brilhac, *La France Libre*, Gallimard, 1996.
André Kaspi, *La Libération de la France, juin 1944-janvier 1946*, Perrin, 1995.

De Lattre de Tassigny en 1944.
© Harlingue/Roger-Viollet

Juin en 1943.
© LAPI/Roger-Viollet

Leclerc en 1943.
© coll. Roger-Viollet

Ci-contre, 6 octobre 1943 : libération de la Corse. Les Goumiers progressent vers le col de Teghime. © coll. Roger-Viollet

Duel en Angleterre à la veille du jour J

Ci-dessus, le général Dwight Eisenhower s'adressant aux soldats avant leur parachutage en Normandie. © US National Archives/Roger-Viollet

En mai 1944, le Comité français de la libération nationale (CFLN) ignorait toujours où et quand se ferait le débarquement et les négociations sur le devenir des territoires libérés restaient au point mort. Roosevelt, donnant – logiquement – la priorité aux considérations militaires, évoquait pour la suite la nécessité du verdict des urnes, ce qui interdisait toute reconnaissance du CFLN et a fortiori du Gouvernement provisoire de la République française, institué le 3 juin selon le vœu formulé par l'Assemblée consultative. Churchill, espérant peser sur les choix stratégiques américains, emboîtait le pas, malgré l'opinion publique britannique favorable à de Gaulle, malgré les pressions qu'exerçaient des hommes politiques nombreux, surtout chez les travaillistes, malgré, enfin, l'avis d'Anthony Eden, patron du *Foreign Office*.

Roosevelt et Churchill excluaient, il est vrai, toute nouvelle collusion avec les hommes de Vichy. Mais ils avaient décidé que le commandant en chef allié exercerait le pouvoir civil en France, tant que durerait l'« invasion », entendons la Libération. Eisenhower, chargé de « superviser » l'administration française, devait, entre autres mesures, fournir à ses troupes des billets de « monnaie additionnelle » imprimés aux Etats-Unis. Mais, plus pragmatique que les politiques, il finit par obtenir de la Maison blanche que de Gaulle participât au D Day. Comme d'autres, il avait été impressionné par les qualités guerrières du Corps expéditionnaire français, et notamment par l'exploit des goumiers et des tabors marocains qui avaient escaladé les pentes du Monte Maio pour prendre à revers la *Wehrmacht* retranchée, depuis le 12 octobre, derrière la « ligne Gustav » que verrouillait le Monte Cassino. Marqué par le gâchis politique d'Alger, ne sous-estimant pas, comme le faisait Roosevelt, l'importance de la Résistance, il comptait sur le CFLN pour faire comprendre à tous les Français la nécessité des sacrifices.

Après en avoir longuement délibéré avec ses ministres, de Gaulle gagnait Londres le 3 juin, en « hôte du gouvernement de Sa Majesté ». Le lendemain, rencontrant Churchill à Dogford, près de Portsmouth, puis Eisenhower dans son QG, il fut enfin informé officiellement de la date et des modalités du débarquement. Mais les deux entretiens furent difficiles. Churchill, excédé de son refus d'avaliser le plan d'administration anglo-saxon et de se rendre à Washington, lui précisa dans une formule restée fameuse : « Sachez-le ! chaque fois qu'il nous faudra choisir entre l'Europe et le grand large, nous serons toujours pour le grand large. Chaque fois qu'il me faudra choisir entre vous et Roosevelt, je choisirai Roosevelt. »

Le début de la rencontre avec Eisenhower se passa bien : de Gaulle approuva son plan, lui déconseillant de différer l'opération en cas de météo défavorable. Mais lorsque Eisenhower lui annonça qu'il allait faire une proclamation à tous les peuples occupés de l'Europe de l'Ouest, et – notamment – aux Français qui devraient « obéir aux ordres » qu'il serait « appelé à donner », de Gaulle réagit vivement : « Vous, une proclamation au peuple français ? De quel droit ?... » Et s'il fut finalement autorisé à proposer des modifications, elles ne devaient servir à rien puisque l'appel américain était déjà enregistré et imprimé à 40 millions d'exemplaires.

Estimant que, dans ces conditions, la France ne serait pas « libérée » mais à nouveau occupée, comme l'avait été l'Italie, mais dédaignant de « gémir dans les antichambres », de Gaulle choisit de manifester son mécontentement en refusant de s'adresser au peuple français juste après Eisenhower, ce qui déclencha la fureur de ce dernier (« Qu'il aille au diable ! ») et celle de Churchill souhaitant qu'on le renvoie en Algérie « enchaîné si nécessaire » !

Ce fut pourtant à la BBC, mais huit heures après Eisenhower, que de Gaulle prononça l'un de ses meilleurs discours, annonçant à ses compatriotes qu'ils auraient à combattre, mais qu'ils dépendraient, comme l'administration, de chefs français qualifiés. Loin des frileuses mises en garde par lesquelles Vichy adjurait les Français de ne pas bouger, il proclamait avec panache : « La bataille suprême est engagée ! Après tant de combats, de fureurs, de douleurs, voici venu le choc décisif, le choc tant espéré. Bien entendu c'est la bataille de France, c'est la bataille de la France. » Et la chute se faisait flamboyante : « Derrière le nuage si lourd de notre sang et de nos larmes voici que reparaît le soleil de notre grandeur. »

François Kersaudy, *De Gaulle et Churchill*, Perrin, coll. tempus, 2003.
Jean-Louis Crémieux-Brilhac, *La France Libre*, Gallimard, 1996.

Ci-dessus, De Gaulle au QG d'Eisenhower à Drogford, près de Portsmouth. © Mémorial de Caen

3. Les préparatifs

U23
LcT678
678
D-33
LcH317
LcT631
D33

Les chefs militaires alliés

Ci-dessus, Eisenhower a su être à la hauteur des fonctions qui lui furent confiées de commandant en chef
© US Army/Mémorial de Caen

Les Britanniques commencent par se battre seuls. Ils continuent de livrer le gros des combats contre l'Allemagne, même après l'entrée en guerre des États-Unis en décembre 1941. Le débarquement, ce plan d'invasion frontale, est un projet américain contre lequel les Britanniques, qui reconnaissent pourtant sa nécessité, n'ont de cesse d'émettre des réserves.

La prédominance américaine n'est pas écrasante le premier jour. Le 6 juin, si les troupes aéroportées comptent 16 000 Américains pour 8 000 Britanniques, 72 000 fantassins britanniques et canadiens débarquent contre 57 000 Américains. La présence navale britannique le jour J est écrasante : 80 %, pour seulement 16,5 % du côté américain (la majeure partie de leur marine combat dans le Pacifique) et 4 % pour les autres nations. La puissance américaine se manifeste plus tard, avec les renforts et le ravitaillement. Le gros des renforts des semaines suivantes est américain, tout comme la majorité du matériel et du ravitaillement. Au fur et à mesure, les forces américaines gagnent en prépondérance. Le 25 juillet, 812 000 soldats américains combattent en Normandie contre 540 000 Britanniques et 100 000 Canadiens (ainsi que des Français et des Polonais).

Cette prédominance a des conséquences sur le commandement. Au départ, les Britanniques jouent le rôle principal et l'état-major combiné, chargé d'élaborer les plans d'invasion, est placé sous les ordres du général britannique Sir Frederick Morgan. Il devient pourtant rapidement clair que le commandement de toute l'opération doit revenir à un Américain. Le choix le plus évident semble alors être celui du chef d'état major des armées, mais Roosevelt considère le général Marshall comme une pièce maîtresse de la politique stratégique à Washington. Il choisit donc Eisenhower, un officier d'état-major qui n'a jamais exercé de commandement sur le terrain, ce qui réduit son prestige aux yeux des Anglais. Mais Eisenhower a du tact, du charme et une bonne capacité à s'entendre et à travailler avec les autres.

Le commandement en chef revenant à un général américain, c'est aux Britanniques qu'échoit le poste immédiatement en dessous : celui du commandement des troupes terrestres de l'opération. Eisenhower a une préférence pour Alexander, qui s'est distingué en Italie, mais Churchill impose Montgomery, le héros des campagnes d'Afrique du Nord contre Rommel. Solitaire, hargneux, il entretient des rapports étroits avec ses hommes mais conflictuels avec ses pairs, même britanniques. Planificateur méticuleux, sa stratégie consiste à n'attaquer que lorsqu'il est certain de posséder une supériorité numérique écrasante et qu'il pense pouvoir mettre son adversaire hors de combat. Certains de ses détracteurs n'y voient que la preuve de son excessive prudence.

Les désaccords anglo-américains sur la conduite de la bataille de Normandie sont prolongés par les historiens des deux côtés. L'Australien Chester Wilmot a défendu avec éloquence la conduite de Montgomery dans son *Struggle for Europe* (Londres, 1952). L'historien britannique Max Hastings est sans doute plus impartial. Eisenhower s'est défendu lui-même et l'a été par l'étude bien documentée de Russell Weigley. Stephen Ambrose, auteur américain, habitué aux best-sellers, a souvent critiqué les généraux américains mais jamais les soldats, dont il met en avant les capacités d'adaptation et qu'il considère comme les véritables responsables de la victoire des Alliés en Normandie.

Double page précédente, A Southampton, peu avant le jour J, les innombrables *landing craft* (péniches de débarquement) attendent de transporter hommes et matériel © Tallandier

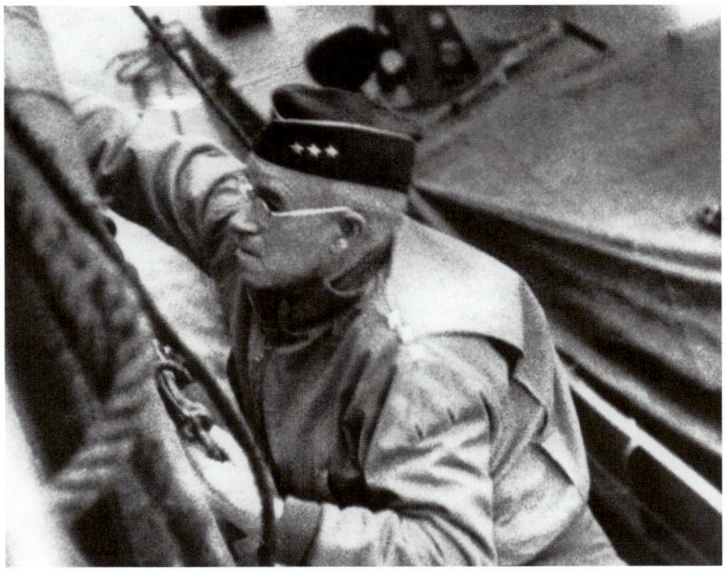

Ci-dessus, Le toujours jeune général Bradley grimpant à bord d'un navire de guerre. © US Army/Mémorial de Caen

Ci-dessus, Montgomery avec Creral, commandant des forces canadiennes. © US Army/Mémorial de Caen

Ci-dessus, Le SHAEF *(Supreme Headquarters Allied Expeditionary Force)* au complet : *(de gauche à droite, de bas en haut)* Tedder, Eisenhower, Montgomery, Bradley, Ramsay, Leight-Mallory, Bedell-Smith. © US Army/Mémorial de Caen

La vie quotidienne des boys

Ci-dessus, Un cinéma pour occuper les boys.
© Fonds Steven/Mémorial de Caen

Lorsque les Etats-Unis sont propulsés dans la guerre par le Japon et l'Allemagne en décembre 1941, et malgré une opinion très majoritairement isolationniste, les généraux américains doivent faire face aux problèmes posés par la transformation de leur « police frontalière » en armée, capable de faire jeu égal avec les plus grandes armées européennes et leurs longues traditions militaires. Entre 1941 et 1945, l'armée américaine passe de 190 000 hommes à un effectif total de 8 300 000 (en incorporant, pour la première fois, des femmes). Une autre des difficultés tient à la nécessité pour les Américains – même si le théâtre européen est prioritaire et que l'assaut sur le Japon est remis à plus tard – de mener simultanément une campagne île après île, dans le Pacifique. Cette tâche est dévolue aux Marines, tandis que l'armée est principalement déployée en Europe.

Les forces américaines qui arrivent sur le théâtre européen sont inexpérimentées et mal préparées aux difficiles combats qu'elles doivent livrer face aux vétérans endurcis de l'armée allemande. Les difficultés apparaissent début 1943 lors des premiers combats contre les Allemands en Tunisie. Certains officiers et soldats qui participent aux débarquements de Normandie se sont aguerris en Sicile et en Italie. Mais aucun Américain n'est préparé aux rudes combats rapprochés, rendus inévitables par le bocage. Ils doivent apprendre leur métier sur le tas et maîtriser de nouvelles techniques, dont la coordination des troupes au sol avec l'aviation, qui a des effets dévastateurs lors de la percée consécutive à l'opération *Cobra* fin juillet.

Les armées américaines et canadiennes manquent d'expérience du combat et d'entraînement. Les observateurs considèrent unanimement leurs soldats comme inférieurs aux soldats allemands, en technique comme en détermination. Les commentateurs européens en ont une piètre opinion, les trouvant à la fois inexpérimentés, mal entraînés et par trop tentés « d'utiliser les explosifs comme un succédané de vertus militaires ». Ces observations sont sous-tendues par des préjugés culturels, que les Américains ont souvent rendus avec les intérêts. Hitler, un cas extrême, pensait que les soldats américains se battraient mal en raison de leur disparité ethnique et de leur manque d'attachement paysan à la terre. Des officiers français et anglais capturés par les Allemands en Afrique du Nord ont dit aux officiers de Rommel qui les interrogeaient que les Américains étaient « leurs Italiens ». Les commentateurs les plus indulgents vantaient tout de même la capacité du soldat américain à apprendre rapidement son métier et à s'adapter tout aussi vite, son sens inné de l'utilisation du matériel et son audace à progresser en terrain découvert.

A l'approche du débarquement sur le continent européen se rapprochant, une immense force d'invasion de huit nations est rassemblée en Grande-Bretagne. Les îles Britanniques deviennent une « vaste caserne. » Les plus nombreux sont de loin les Américains. Près de trois millions de soldats américains passent en Grande-Bretagne entre 1942 et 1945. La présence de tant de jeunes Américains célibataires devient un facteur incontournable de la vie des Britanniques. Ils sont alors perçus, selon un mot d'esprit anglais de l'époque, comme « suralimentés, surpayés, surexcités et sur notre dos ». Les relations, rendues parfois difficiles par l'utilisation de deux versions différentes d'un même langage, sont complexes. Des frictions apparaissent également, causées par la boisson, les femmes, l'ennui et les conflits raciaux avec les soldats noirs américains. L'absence, dans le même temps, de très nombreux jeunes Anglais ne facilite pas les choses ; de nombreuses jeunes femmes anglaises mobilisées dans l'industrie de guerre commencent par ailleurs à jouir d'une liberté inédite. Le taux des naissances illégitimes est multiplié par trois entre 1939 et 1945. Certaines relations chaleureuses voient pourtant le jour, dont 70 000 se soldent par un mariage.

Ci-dessus, Un GI et deux WACS *(Women's Army Air Corp)* américaines, en Grande-Bretagne, la veille de Noël 1943. © DITE/USIS

Ci-dessus, Soldats américains cantonnés en Grande-Bretagne en 1944. © DITE/USIS

Ci-dessous, Dans un décor typiquement british, l'attente sous des tentes. © Fonds Steven/Mémorial de Caen

L'entraînement

Ni la Grande-Bretagne, ni les Etats-Unis ne sont convenablement préparés à la guerre en septembre 1939. Les Britanniques, convaincus comme les Français que le déficit entraîné par les dépenses d'armement mettrait en danger leur monnaie, sont nettement surclassés par les Allemands dans le domaine militaire.

Mais sitôt la guerre déclarée, la Grande-Bretagne mobilise son industrie et prend plus rapidement que lors du premier conflit mondial, les mesures propres à mener la guerre : service militaire obligatoire, pouvoirs étendus du gouvernement dans le domaine de la défense (la Loi de Défense du Royaume), mise sous tutelle de l'économie, emploi intensif des femmes dans l'industrie, toutes ces mesures sont mises en place sans tergiversation. La production d'avions finit par dépasser celle des Allemands. Pendant la guerre, les femmes sont bien plus mobilisées en Grande-Bretagne qu'en Allemagne. La démocratie britannique a organisé son économie de guerre plus tôt et plus complètement que la dictature allemande.

Les efforts britanniques donnent aux Etats-Unis un peu plus de temps pour se préparer. Début 1940, le Président Roosevelt commence à accroître les effectifs et l'équipement des petites forces armées américaines. Le 22 juin 1940, le Congrès des Etats-Unis approuve un impôt spécial de défense nationale permettant une importante hausse des dépenses militaires. Le 16 septembre 1940, le Congrès décrète, pour la première fois dans l'histoire des Etats-Unis, et sans déclaration de guerre, le recensement militaire pour tous les jeunes gens.

Tout en demeurant neutre, selon le désir de l'immense majorité de l'opinion publique américaine, Roosevelt tente d'aider la Grande-Bretagne par des mesures de quasi-belligérance. Le 11 mars 1941, le programme de prêt-bail met à la disposition de la Grande-Bretagne du matériel militaire sans la contrainte économique d'un achat. Le 3 septembre de la même année, les États-Unis livrent 50 destroyers anciens à la Grande-Bretagne, en échange d'un prêt d'une durée de 99 ans de bases à Terre-Neuve, aux Bermudes et dans les îles britanniques des Caraïbes.

Après l'entrée en guerre des Etats-Unis, Roosevelt et Churchill se mettent rapidement d'accord sur le principe d'un débarquement en France. La date de sa mise en œuvre en relation avec les autres opérations militaires, fait cependant l'objet d'âpres discussions entre les Alliés.

Le rassemblement des forces américaines et canadiennes en Angleterre débute en 1942, avant qu'une décision précise ait été prise pour déterminer le lieu et l'heure de leur utilisation. L'objectif est de forcer Hitler à défendre toutes les côtes de l'Atlantique et de la Manche. L'accumulation d'un grand nombre d'hommes et de matériel en Grande-Bretagne nécessite de gagner la bataille de l'Atlantique contre les sous-marins allemands. C'est chose faite en mars 1943.

En Grande-Bretagne, les forces alliées combinées débutent leur entraînement intensif en s'entraînant sur des plages anglaises similaires aux plages de Normandie. Les troupes attaquent des fortifications côtières identiques à celles qu'elles vont devoir affronter et étudient des photographies détaillées des points précis où elles vont débarquer. Les pilotes des planeurs

Ci-dessous, Entraînement au combat rapproché.
© DITE

Ci-dessus, La coordination avec les forces aériennes devient un enjeu capital.
© DITE/USIS

s'entraînent en visionnant des films de modèles réduits de leurs lieux d'atterrissage, à travers des filtres bleus pour simuler le clair de lune.

Reste à s'habituer aux techniques de l'assaut amphibie qui nécessite, on l'a vu avec les opérations de Guadalcanal et de *Torch*, le développement et la production d'un équipement spécial. Avec les planeurs, les barges de débarquement constituent en effet la nouveauté logistique de la Seconde Guerre mondiale.

Impossible en revanche, de s'entraîner pour les futurs combats dans le bocage. Cela, il va falloir l'apprendre sur place.

Ci-dessus, Avant d'embarquer, des assouplissements de rigueur.

Ci-contre, page de droite, Des commandos à l'exercice sur un navire.

Le matériel

Ci-dessus, Fin 1943. Chars M4 Sherman alignés dans une usine américaine prêts à être livrés. © DITE/USIS

Les Alliés disposent d'une supériorité matérielle quantitative écrasante sur les Allemands, mais, à de rares exceptions, on ne peut en dire autant dans le domaine qualitatif. Le char le plus utilisé par les Alliés, le M4 Sherman américain, est fiable, rapide et manœuvrant, conforme aux exigences de mobilités de l'armée américaine. Sa chenille en blocs de caoutchouc dure cinq fois plus longtemps que les chenilles métalliques des chars allemands. Mais son armement ne lui permet pas de faire jeu égal avec eux et son blindage est inférieur à celui des vieux chars Allemands Mark IV, qui constituent la moitié des chars engagés par les Allemands sur le front de l'Ouest. Les chars allemands plus récents, les Tigres et Panthers, sont les meilleurs chars du front de l'Ouest. Mais leurs défauts sont importants : ils sont lents, lourds, difficiles à réparer, consomment beaucoup de carburant et pivotent difficilement. Les Sherman peuvent en venir à bout donc en manœuvrant en groupes surtout s'ils disposent (un Sherman britannique sur quatre) avec la version, baptisée *Firefly* (Luciole), d'un armement plus performant.

Le meilleur canon utilisé durant toute la campagne est certainement le canon de 88 allemand. Bien qu'ayant été conçu comme une arme antiaérienne, il équipe aussi les chars allemands Tigre et ses effets en tir direct sur les véhicules alliés faiblement blindés sont dévastateurs. Les Allemands possèdent également d'excellents mortiers dont le modèle lance-fusées *Nebelwerfer.* La mitrailleuse légère *Spandau,* capable de tirer 1 200 coups à la minute, est l'arme la plus rapide de sa catégorie. Les Allemands bénéficient également d'une bonne grenade, le célèbre « presse-purée », et d'une excellente arme anti-char individuelle, le *Panzerfaust.* L'artillerie alliée ne doit pas être pour autant négligée : elle dispose de l'excellent obusier de 105 mm et les systèmes de réglage de tir des Alliés sont de tout premier ordre.

L'armée américaine dispose, elle, des unités les plus mobiles de toute la campagne. Ses divisions sont entièrement motorisées, tandis que le ravitaillement et l'artillerie des *Panzerdivisionen* sont hippomobiles, l'infanterie se déplaçant à pied, à bicyclette ou à cheval.

Cet avantage ne vaudra que pour des options spécifiques de l'après-débarquement, car la mobilité des Alliés est entravée, durant les sept premières semaines de la campagne, par le bocage, ce maillage de végétation dense qui borde les champs de Normandie. Certaines zones ne comptent pas moins de 14 haies par kilomètre. Le bocage est parfaitement adapté à la défense et les officiers et soldats allemands, fort de leurs excellentes qualités combatives, l'ont exploité avec brio. Les chars et les camions américains ne peuvent ainsi circuler que sur des routes où, à chaque virage, une embuscade peut être tendue. Chaque champ est défendu avec acharnement par des Allemands bien protégés alors que les troupes américaines ne sont pas formées pour ce genre de combat rapproché. En juillet, elles commencent à être démoralisées par leurs pertes et par la lenteur de leur progression.

Les Américains finiront par trouver la solution aux problèmes posés par le bocage. Un sous-officier du génie particulièrement imaginatif, le sergent Curtis G. Cullins, a l'idée de fixer à l'avant d'un Sherman une sorte d'éperon, fabriqué à partir d'obstacles antichars allemands mis au rebut. Ainsi équipé de ces « cornes de rhino », un char peut rapidement s'enfoncer à travers l'entrelacs de terre et de végétation des haies normandes. Deux tiers des chars américains utilisés durant l'opération « Cobra » du 25 juillet sont équipés de ce dispositif. Le « rhino » parvient à dissiper la malédiction du bocage et redonne aux divisions blindées américaines un peu de leur mobilité perdue, puisqu'elles peuvent désormais quitter les routes. La trouvaille du sergent Cullins plût

Ci-dessous, L'approvisionnement en munitions est capital. © IWM/Mémorial de Caen

Ci-dessous, Dans un port italien concentration de véhicules et de matériel en vue de l'opération *Anvil* © Centre culturel américain/Mémorial de Caen

aux Américains de l'époque, car elle leur rappelle une autre histoire populaire : celle d'un jeune homme qui, ayant appris adolescent à démonter entièrement une Ford T, était en mesure de résoudre n'importe quel problème mécanique sans aucune connaissance théorique.

La supériorité aérienne totale des Alliés est un atout décisif. Elle n'a pas été obtenue sans mal. En juin 1940, les Allemands ont acquis la maîtrise des airs, mais en s'appuyant sur la production massive de modèles anciens. Dès l'automne 1940, la RAF a regagné la suprématie aérienne sur les îles britanniques et la Manche, grâce à une habile utilisation du radar et à la production massive de deux nouveaux chasseurs particulièrement performants, le *Hurricane* et le *Spitfire*.

A partir du 6 septembre 1940, Hitler commet l'erreur de cesser de bombarder des cibles militaires vitales, telles que des aérodromes, des usines aéronautiques et des stations radars, pour s'attaquer à la ville de Londres : une réponse aux quatre bombardements nocturnes de Berlin par la RAF, eux-mêmes provoqués par le bombardement accidentel de Londres par un avion allemand peu avant. Cette réaction émotionnelle donne du répit à la RAF et lui permet de continuer à produire de nouveaux appareils, tandis que Hitler doit admettre en septembre qu'une invasion de la Grande-Bretagne (opération *Seelöwe* ou « Otarie ») est reportée sine die.

Tandis que le « Blitz » sur Londres se poursuit, les Alliés entament le bombardement systématique de l'Allemagne. Les bimoteurs Ju-88 qui bombardaient Londres en 1940-41 sont rapidement dépassés, et les Allemands se consacrent dès lors à la production de chasseurs. Ce sont les Alliés qui se spécialisent dans le bombardement aérien à partir de 1940.

Le général Sir Arthur Harris, commandant en chef des flottes de bombardiers britanniques, pense alors que le bombardement stratégique (la destruction des capacités de production de matériel de guerre plutôt que celle des forces sur le terrain) peut permettre à lui seul de gagner la guerre, évitant aux Alliés un débarquement de troupes sur le continent. Ses bombardiers quadrimoteurs à long rayon d'action, les *Lancaster* et *Halifax* bombardent de nuit, les opérations diurnes s'avérant trop coûteuses en hommes et en matériel. Ces bombardements visent des cibles spécifiques, mais le souvenir du sort de Londres étant encore vivace, les banlieues résidentielles sont également frappées, afin de saper le moral des populations civiles.

Les bombardiers stratégiques de la 8e Air Force américaine, les quadrimoteurs B-17 « forteresses volantes » et B-24 « Liberator » sont opérationnels en Grande-Bretagne en août 1942 et effectuent leur premier raid sur Rouen peu après. Ils commencent à bombarder l'Allemagne en janvier 1943, avec le soutien, l'année suivante, de la 15e Air Force stationnée dans le sud de l'Italie. Lourdement armés et capables de se défendre face aux chasseurs allemands, ils effectuent des bombardements diurnes à haute altitude, en exécutant, à l'aide des pointeurs *Norden*, des largages précis sur les sites industriels : usines aéronautiques, usines de roulements à billes, centrales électriques, voies ferrées et ponts, raffineries d'essence synthétique. De nombreuses victimes civiles font pourtant les frais de ces campagnes intensives. Les premiers raids sont très coûteux pour les bombardiers et il faut attendre décembre 1943 pour que les nouveaux chasseurs P-51 *Mustang* puissent les accompagner sur l'intégralité de leur trajet aller-retour.

En tout, la RAF a largué 1 104 320 tonnes de bombes et l'American Air Force, 997 920. Les Allemands se sont défendus avec vigueur : le *Bomber Command* de la RAF a perdu 55 573 hommes, soit 20 % de ses effectifs. Les effets des bombardements stratégiques alliés sur l'Allemagne ont, depuis la guerre, fait l'objet d'intenses débats. Mais ce qui ne fait pas question, c'est que les Allemands ont dû, pour défendre leur territoire national, engager tous les appareils de chasse qui n'étaient pas utilisés sur le front de l'Est.

Les Allemands font d'immenses efforts pour moderniser leur flotte de chasseurs. Le *Focke-Wulfe 190* est généralement considéré comme le meilleur chasseur de la guerre. Les ingénieurs allemands conservent jusqu'au bout une longueur d'avance sur les Alliés. Durant les six derniers mois de la guerre, ils mettent en service les *Messerschmitt 163*, des avions propulsés par une fusée (avec un potentiel d'accélération ascensionnelle et en piqué court, mais décisif), ainsi que le premier chasseur à réaction de l'histoire, le *Messerschmitt 262*. Les bombardements et la destruction des raffineries d'essence synthétique empêchent pourtant leur construction en masse. La qualité des pilotes chute rapidement lorsque le manque d'essence et le besoin pressant de renforts forcent la *Luftwaffe* à abréger leur entraînement. Aussi, peu d'avions allemands sont-ils disponibles sur le front de l'ouest en juin 1944 : si les Alliés disposent de plus de 12 000 appareils de tous types pour appuyer le débarquement de Normandie, les Allemands en ont à peine 800 pour s'y opposer.

Malgré les vigoureuses objections du maréchal de l'Air Harris, les bombardiers alliés à long rayon d'action sont détournés de leur tâche de bombardements stratégiques pour préparer et appuyer le débarquement. Ils commencent par appliquer le « plan transports », mais les voies ferrées et les ponts détruits sont rapidement réparés. Le « plan carburant », qui débute le 12 mai 1944, s'avère plus efficace. La pénurie de carburant limite les interventions de la *Luftwaffe*. Elle oblige Hitler à affecter ce qui lui reste de chasseurs pour défendre ses raffineries, à un prix très élevé tant pour les appareils que pour les pilotes.

La supériorité aérienne acquise, les Alliés peuvent affecter leurs chasseurs à des missions offensives plutôt que défensives : le soutien rapproché des troupes au sol. Les Allemands ont été pionniers dans ce domaine, en créant des appareils spécialement destinés à cet usage. Mais les Ju–87 *Stuka*, dont les effets, tant matériels que sur le moral, avaient été dévastateurs en 1940, sont

Ci-dessus, Chasseur bombardier P 47 *Thunderbolt.* © DITE/USIS

Ci-dessous, Un *Typhoon.* © DITE

Ci-contre, Sir Arthur Harris (debout, à gauche) avec un équipage de bombardier en 1943. © DITE/USIS

totalement dépassés en 1944. A l'été 1944, le P-47 *Thunderbolt* américain est le meilleur avion d'appui au sol, surtout si les problèmes de coordinations sol-air ont été résolus. Les troupes allemandes prises dans la poche de Falaise ont particulièrement souffert des attaques à basse altitude de l'aviation alliée.

Les barges de débarquement à faible tirant d'eau sont une des grandes innovations de la Deuxième Guerre mondiale. Ce sont les Britanniques qui mettent au point le LST et le LCT (*Landing Ship Tank* et *Landing Craft Tank*, navires et barges de débarquement pour les blindés), bien qu'ils soient majoritairement construits en Amérique. Le jour J, une vaste flotte de barges de débarquement spécialisées, de toutes tailles et de toutes formes, permet de déposer directement sur les plages blindés et pièces d'artillerie.

Les atouts des Alliés, leurs divisions blindées mobiles et leur supériorité aérienne, sont tributaires de la logistique. Le ravitaillement est la clé d'une opération amphibie. En Normandie, le problème est renforcé par la prodigalité américaine : chaque soldat américain doit recevoir 15 kg de matériel par jour, contre 10 kg pour les Britanniques et 2 kg pour des Allemands très spartiates. C'est pourquoi l'accès à un port possédant des bassins profonds est essentiel à la bonne marche du plan des Alliés, et le Cotentin a été choisi pour permettre la prise rapide du port de Cherbourg. S'il tombe le 26 juin (soit une semaine plus tôt que prévu) il n'est remis en état qu'à la mi-septembre. Le ravitaillement des Alliés passe donc par les plages, par des ports de moindre importance ou par les célèbres *Mulberries.* Ces deux ports artificiels, installés le lendemain du jour J, sont composés de quais flottants, faits de bateaux coulés et de caissons, reliés aux plages par des rampes d'accès. L'un d'entre eux étant détruit par la tempête du 19 juin l'approvisionnement en munitions et matériel s'en trouva momentanément perturbé.

Max Hastings, *Overlord: D-Day and the Battle of Normandy*, New York, Simon and Schuster, 1984.

Ci-dessus, Avril 1944. Construction de pontons en béton, éléments d'un port artificiel, dans le Surrey. © Mémorial de Caen

Ci-contre, page de droite, Concentration de navires en Grande-Bretagne vraisemblablement en mai 1944. © Mémorial de Caen

270
164
177
176

Le « grand jeu »

Un leurre de char.
© Mémorial de Caen

Les Alliés ont également pris l'avantage dans le domaine du renseignement. Les Allemands ne peuvent ni effectuer de reconnaissances aériennes ni parvenir à décrypter les communications des Alliés. Les principaux agents de l'Axe en Grande-Bretagne ont été retournés par le contre-espionnage britannique. Les Alliés, eux, disposent de photographies aériennes détaillées, d'informations fournies par la Résistance et par le déchiffrage, grâce au système *Ultra*, des codes radios allemands. Cette capacité à lire les messages allemands encodés par les machines à écrire *Enigma* était à ce point secrète qu'elle n'est révélée qu'en 1974. *Ultra* a donné aux Alliés des renseignements précieux dans le domaine stratégique mais aucune information d'ordre tactique. *Ultra* ne fonctionne que lorsque les Allemands sont dans l'incapacité d'utiliser les liaisons téléphoniques terrestres. Son utilité diminue lorsque les combats se rapprochent du sol allemand : en décembre 1944, il ne permet pas de détecter les préparatifs de l'offensive allemande des Ardennes (le silence radio a en effet été imposé à toute l'armée allemande).

Une fois la date et l'heure choisies, il est impératif de maintenir les Allemands dans le flou. Il est cependant impossible de masquer le fait qu'une invasion se prépare. La seule solution dont disposent les Anglo-Américains est donc de tromper les Allemands sur le lieu et la date de son exécution. L'opération *Fortitude* consiste donc à les focaliser sur le Pas-de-Calais. Les vols de reconnaissance et les bombardements sont bien plus nombreux dans cette région qu'en Normandie ; des rumeurs de débarquement imminent dans le Pas-de-Calais arrivent aux oreilles des agents de renseignement allemands ; un groupe d'armée fantôme est créé et placé sous les ordres d'un homme connu chez les Allemands pour son tempérament agressif, le général George Patton. Des installations leurres et de fausses émissions radio donnent alors l'impression d'un véritable fourmillement. En fait, les troupes véritablement placées sous les ordres du général Patton, la 1re armée canadienne et la 3e armée américaine, vont servir de renfort après le débarquement en Normandie. Le jour du débarquement, le trafic radio s'intensifie à proximité du Pas-de-Calais et des avions lâchent des milliers de bandes d'aluminium (appelées *windows*) laissant croire aux radars allemands qu'une masse imposante de navires et d'avions y fait mouvement. Hitler se persuade pourtant qu'un débarquement aura lieu en Normandie et ordonne en mai que l'on renforce la zone. Il ne le considère pourtant que comme une diversion, le véritable débarquement devant se produire dans le Pas-de-Calais. Il n'autorise donc les divisions blindées stationnées au nord de la Seine à faire mouvement qu'à la mi-juillet.

Ci-contre,
Un des rares échecs du contre-espionnage britannique : Cicéro, maître d'hôtel turc de l'ambassade britannique à Ankara, put transmettre à l'*Abwehr* des renseignements de valeur.
© Coll. A. Decaux

Ci-dessus, Une fausse batterie d'artillerie. © Mémorial de Caen

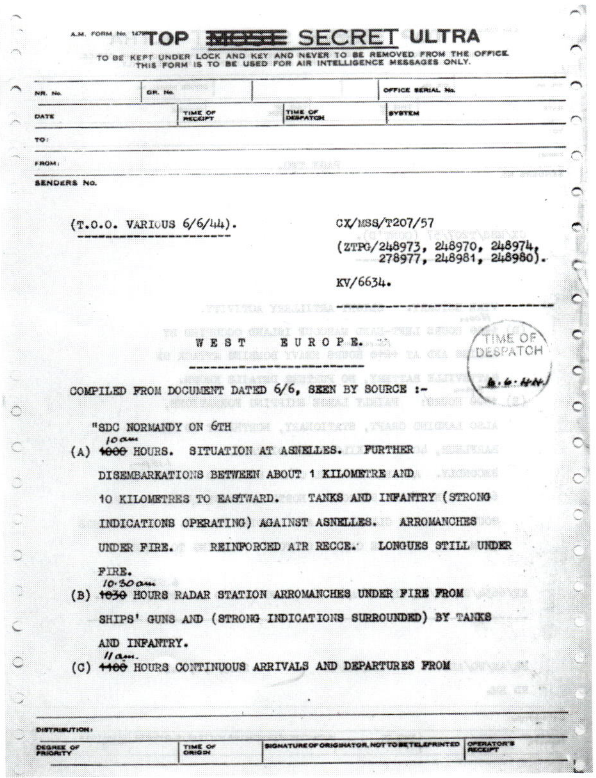

A.M. FORM No. 147 **TOP ~~MOST~~ SECRET ULTRA**

TO BE KEPT UNDER LOCK AND KEY AND NEVER TO BE REMOVED FROM THE OFFICE.
THIS FORM IS TO BE USED FOR AIR INTELLIGENCE MESSAGES ONLY.

NR. No.	GR. No.		OFFICE SERIAL No.
DATE	TIME OF RECEIPT	TIME OF DESPATCH	SYSTEM

TO:

FROM:

SENDERS No.

(T.O.O. VARIOUS 6/6/44). CX/MSS/T207/57

(ZTPG/248973, 248970, 248974, 278977, 248981, 248980).

KV/6634.

W E S T E U R O P E.

TIME OF DESPATCH 6.6.44

COMPILED FROM DOCUMENT DATED 6/6, SEEN BY SOURCE :-

"SDC NORMANDY ON 6TH

(A) ~~1000~~ 10 am HOURS. SITUATION AT ASNELLES. FURTHER DISEMBARKATIONS BETWEEN ABOUT 1 KILOMETRE AND 10 KILOMETRES TO EASTWARD. TANKS AND INFANTRY (STRONG INDICATIONS OPERATING) AGAINST ASNELLES. ARROMANCHES UNDER FIRE. REINFORCED AIR RECCE. LONGUES STILL UNDER FIRE.

(B) ~~1030~~ 10.30 am HOURS RADAR STATION ARROMANCHES UNDER FIRE FROM SHIPS' GUNS AND (STRONG INDICATIONS SURROUNDED) BY TANKS AND INFANTRY.

(C) ~~1100~~ 11 am. HOURS CONTINUOUS ARRIVALS AND DEPARTURES FROM

DISTRIBUTION:

DEGREE OF PRIORITY	TIME OF ORIGIN	SIGNATURE OF ORIGINATOR, NOT TO BE TELEPRINTED	OPERATOR'S RECEIPT

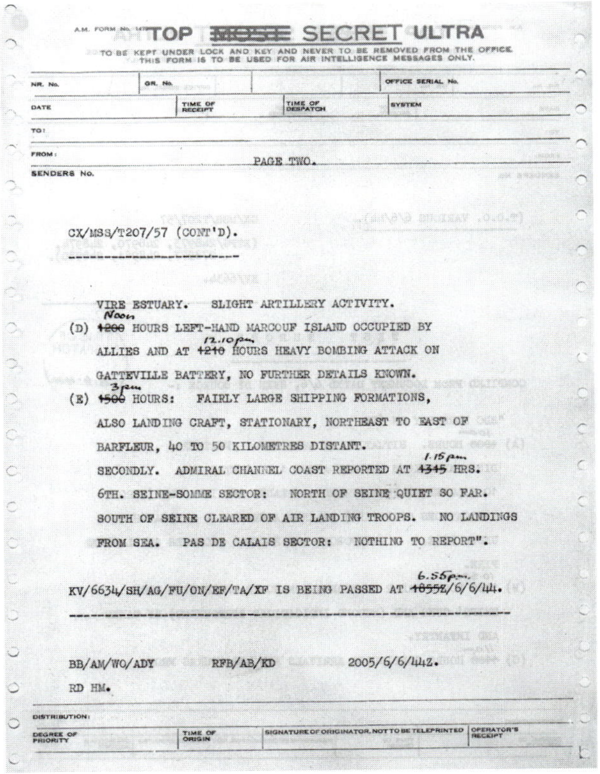

A.M. FORM No. 147 **TOP ~~MOST~~ SECRET ULTRA**

TO BE KEPT UNDER LOCK AND KEY AND NEVER TO BE REMOVED FROM THE OFFICE.
THIS FORM IS TO BE USED FOR AIR INTELLIGENCE MESSAGES ONLY.

NR. No.	GR. No.		OFFICE SERIAL No.
DATE	TIME OF RECEIPT	TIME OF DESPATCH	SYSTEM

TO:

FROM:

PAGE TWO.

SENDERS No.

CX/MSS/T207/57 (CONT'D).

VIRE ESTUARY. SLIGHT ARTILLERY ACTIVITY.

(D) ~~1200~~ Noon HOURS LEFT-HAND MARCOUF ISLAND OCCUPIED BY ALLIES AND AT ~~1210~~ 12.10 pm HOURS HEAVY BOMBING ATTACK ON GATTEVILLE BATTERY, NO FURTHER DETAILS KNOWN.

(E) ~~1500~~ 3 pm HOURS: FAIRLY LARGE SHIPPING FORMATIONS, ALSO LANDING CRAFT, STATIONARY, NORTHEAST TO EAST OF BARFLEUR, 40 TO 50 KILOMETRES DISTANT. SECONDLY. ADMIRAL CHANNEL COAST REPORTED AT ~~1345~~ 1.15 pm HRS. 6TH. SEINE-SOMME SECTOR: NORTH OF SEINE QUIET SO FAR. SOUTH OF SEINE CLEARED OF AIR LANDING TROOPS. NO LANDINGS FROM SEA. PAS DE CALAIS SECTOR: NOTHING TO REPORT".

KV/6634/SH/AG/FU/ON/EF/TA/XF IS BEING PASSED AT ~~1855Z~~ 6.55 pm/6/6/44.

BB/AM/WO/ADY RFB/AB/KD 2005/6/6/44Z.

RD HM.

DISTRIBUTION:

DEGREE OF PRIORITY	TIME OF ORIGIN	SIGNATURE OF ORIGINATOR, NOT TO BE TELEPRINTED	OPERATOR'S RECEIPT

Ci-dessous, Une des plus belles opérations d'intoxication alliée : le réseau Garbo, dirigé par Juan Pujol, réussit à convaincre le Haut-commandement allemand que le débarquement en Normandie était une diversion. © Courtesy The National Archives

Le choix du lieu et de la date

Les plages du Pas-de-Calais sont les plus proches de l'Angleterre et les Allemands s'attendent donc à un débarquement dans cette zone ; ils ne changent pas d'opinion après le débarquement, qu'ils prennent pour une feinte. Les planificateurs alliés choisissent la côte est de la péninsule du Cotentin et les plages du Calvados afin de pouvoir rapidement mettre la main sur un port important : Cherbourg. Ils ont compris que le ravitaillement et l'arrivée de renforts *via* la tête de pont seront des facteurs cruciaux pour percer et garder l'initiative. La péninsule du Cotentin offre également un abri relatif face aux forts vents du sud-ouest. Les plages de sable du Calvados et l'étendue de son réseau routier et ferré constituent un point de départ idéal pour effectuer une percée. La géographie permet en outre d'isoler la zone des combats en Normandie des renforts allemands, à condition de couper les ponts de la Seine et de la Loire. D'autres sites de débarquement en France avaient été étudiés, comme la baie de Biscaye, mais ils étaient trop éloignés de l'Angleterre pour pouvoir bénéficier d'une bonne couverture aérienne.

Choisir une date pose d'autres problèmes. Le débarquement doit avoir lieu de jour (à l'inverse de *Torch* et des autres débarquements en Méditerranée), pour permettre le bombardement intensif aérien et naval des fortifications côtières. La marée doit commencer à monter à l'aube, afin de permettre aux équipes de commandos de détruire les obstacles édifiés sur les plages par les Allemands. Les barges de débarquement doivent profiter de la marée montante pour arriver au plus près des plages et pouvoir faire machine arrière sans s'échouer. En fin d'après-midi, une deuxième marée montante doit permettre l'acheminement de renforts. Les troupes aéroportées doivent décoller à la nuit tombée et profiter d'une quasi pleine lune, juste après minuit, pour éclairer les zones de largage et d'atterrissage. Ces conditions ne sont réunies que trois fois par mois. Comme on manque de barges de débarquement en mai, on opte pour la date du 5 juin.

Photo aériennes de plages normandes à différentes altitudes (mi-mai 1944).
© Mémorial de Caen

La décision finale

Le 4 juin, alors que les troupes de débarquement commencent à se rassembler, l'arrivée d'une perturbation oblige le général Eisenhower à repousser l'opération de vingt-quatre heures. Dans la journée, les météorologues envisagent une légère amélioration du temps pour le 6 juin. Le débarquement doit-il être encore décalé d'un jour ? Faut-il faire confiance au capitaine Stagg, l'officier écossais responsable des services météorologiques ? La décision est difficile. La persistance d'une couverture nuageuse rend incertaine la supériorité aérienne, essentielle pour le bon déroulement de l'opération. L'arrivée récente de deux divisions blindées en Normandie augmente encore les risques. Mais si les Alliés ne débarquaient pas le 6 juin, il faudrait attendre encore un mois avant que les conditions optimales de marée et de lune se représentent. A 4h15 du matin le 5 juin, après un dernier tour de table entre les officiers en charge de l'opération, et alors qu'il ne reste plus une minute à perdre pour mettre en branle l'immense mécanisme pour l'aube du 6 juin, Eisenhower hésite. Puis il dit : « OK, on y va. »

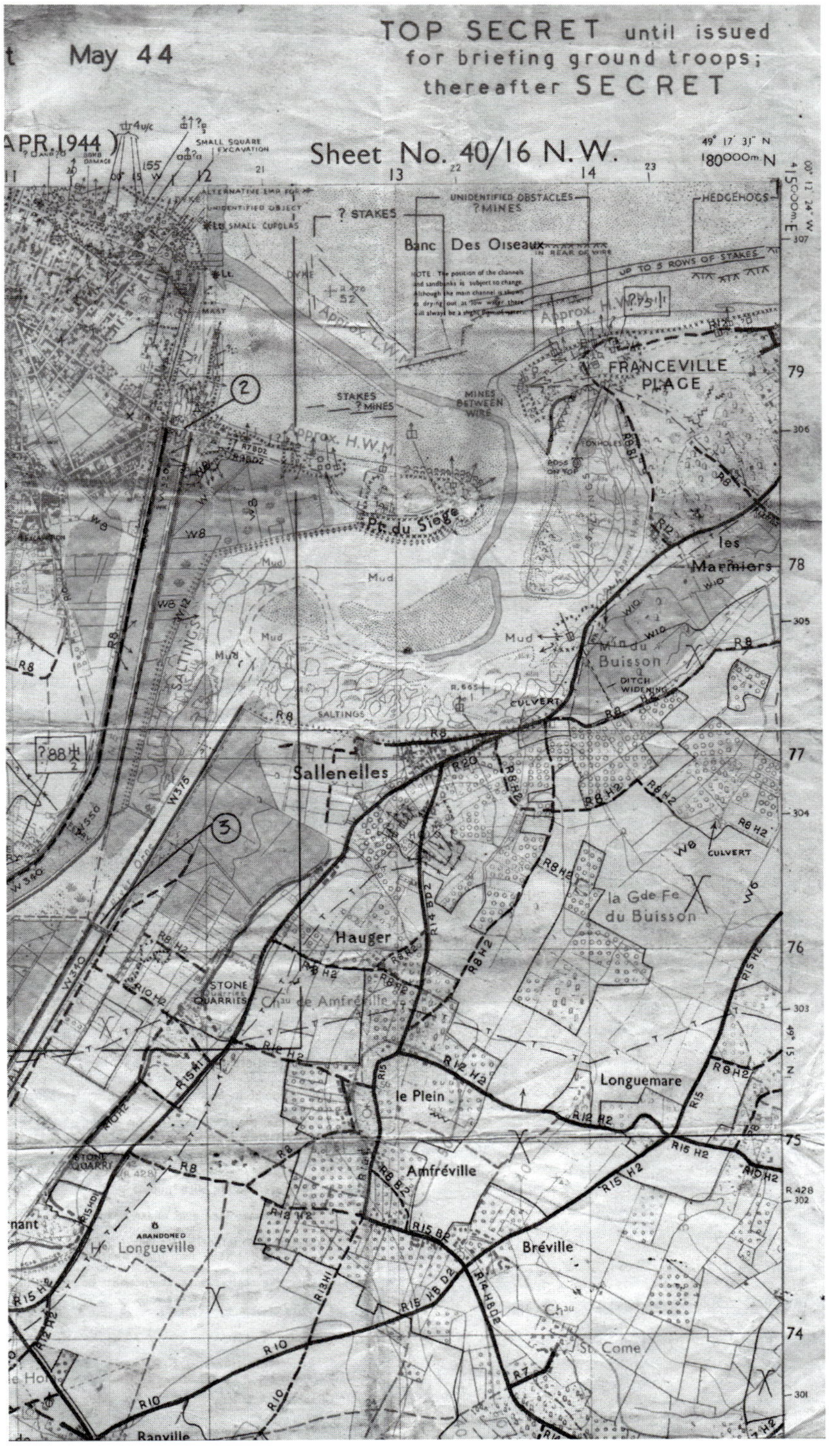

Ci-contre, carte renseignée qui ne sera confiée aux chefs d'unités combattantes qu'en toute dernière extrémité. © D.R.

4. L'attente : le « désert des Tartares »

Le Mur de l'Atlantique

La muraille des fortifications sur les côtes européennes. © Keystone

Depuis l'été 1940, il régnait à l'Ouest un calme qui contrastait avec le tumulte des armes à l'Est. En dehors de la bataille des airs et de bombardements croissants, l'Europe occidentale était une zone de tranquillité où les troupes allemandes étaient envoyées en repos ou pour être reformées. Beaucoup de soldats rêvaient d'y être oubliés. L'ouverture d'un front atlantique n'en était pas moins une hypothèse présente depuis 1940, dès lors que l'Angleterre n'avait pu être envahie et qu'elle s'obstinait dans la guerre. Après la formation de l'alliance anti-hitlérienne l'année suivante, une attaque devenait probable, y compris pour des raisons politiques, avec l'objectif d'empêcher l'effondrement de l'Union soviétique ou du moins de la maintenir dans la guerre.

En décembre 1941, Hitler ordonna de construire un « mur occidental », qui fut rebaptisé peu après « Mur de l'Atlantique ». Il s'agissait de dissuader l'ennemi de tenter un débarquement et de libérer des troupes requises de toute urgence à l'Est. La priorité fut d'abord donnée à la fortification des côtes norvégiennes. En 1942, à la suite de la multiplication de raids britanniques sur les côtes françaises (il y en eut une soixantaine jusqu'en juin 1944, Dieppe étant de loin le plus important), l'effort principal se déplaça vers la France du Nord et la Belgique. En septembre 1942, après Dieppe, Hitler décida de doter l'ensemble de la côte atlantique, et – en particulier la zone de la Manche –, de 15 000 points fortifiés et de renforcer la défense des ports, des bases sous-marines et des îles anglo-normandes.

Les travaux furent confiés à l'organisation *Todt* qui s'était fait la main avant la guerre en édifiant la ligne Siegfried le long de la frontière franco-allemande et qui supervisait à présent plus d'un million et demi d'ouvriers – des volontaires, des requis et des prisonniers – à travers l'Europe. En mai 1943, elle employait en France 260 000 travailleurs, dont 26 000 Allemands. Jusqu'en juin 1944, elle allait couler plus de dix millions de mètres cubes de béton, sans que le Mur, en dépit de son gigantisme, soit autre chose qu'un chapelet de points fortifiés.

En novembre 1943, Hitler prit acte de la nouvelle situation stratégique qu'avaient créée les derniers développements militaires. Forts de leur équipement et de leur supériorité aérienne et navale, les Anglo-Saxons étaient en mesure de tenter, dans un avenir proche, un débarquement en Europe occidentale. Or si l'Allemagne pouvait à l'Est échanger de l'espace contre du temps, il n'en allait pas de même à l'Ouest. Une fois débarqué, l'ennemi menacerait directement les centres vitaux du Reich, la Ruhr notamment. Alors que, jusque-là, le Mur avait servi à économiser des hommes pour le combat à l'Est, il devait devenir le lieu d'une défense active permettant de rejeter aussi vite que possible l'envahisseur à la mer.

Hitler chargea Rommel d'inspecter les défenses atlantiques et de proposer les mesures nécessaires. Devenu célèbre avec l'équipée de l'*Afrikakorps*, Rommel jouissait alors de la confiance de son chef, dont il se flattait d'être le maréchal préféré. Energique, féru de technique, aimant la lumière des projecteurs, il s'efforça de transformer le rivage atlantique en un gigantesque obstacle capable de contrebalancer l'avantage matériel des Anglo-saxons. Après l'Afrique du Nord et l'Italie, où il avait exercé brièvement un commandement à l'automne 1943, la Normandie allait être le lieu d'un troisième et dernier échec.

Ses efforts allèrent à l'établissement d'une ligne de défense continue : il s'agissait de rendre les plages inutilisables et de fermer les trous entre les points fortifiés. La construction de bunkers fut accélérée. Au printemps 1944, 8 000 bunkers étaient

Double page précédente, Guetteurs dans un poste d'observation camouflé sur une plage du Pas-de-Calais. © ECPA-D

Ci-dessus, à gauche, Inspection d'une position de défense côtière en Norvège avec son canon triple *Austratt.* © ECPA-D

En haut, à droite, Fortifications autour de la frontière franco-belge. © ECPA-D

Ci-contre, Travailleurs de l'organisation Todt. © Bundesarchiv

utilisables, 4 000 autres en chantier. Mais c'est sur la défense du rivage que Rommel fit porter son ingéniosité : minage extensif des eaux côtières et des plages, installation d'obstacles sous-marins – tétraèdres, pieux minés, grilles et blocs de béton – qui devaient former une sorte de barrière de corail artificielle et, sur les plages, d'obstacles antichars et d'ouvrages défensifs. A l'arrière, il fit édifier d'énormes pieux inclinés et couronnés de mines, les fameuses « asperges de Rommel », qui devaient rendre difficile l'atterrissage d'avions ennemis.

De son côté, Hitler étoffait en troupes et en armes un front occidental qui avait servi, jusque-là, de réserve pour les autres théâtres d'opérations. Les effectifs allemands y passèrent de 1 372 000 hommes en novembre 1943 à 1 873 000 en juin 1944, soit une soixantaine de divisions, avec 1 300 blindés. Les troupes reçurent un entraînement, souvent écourté par le travail aux défenses du rivage, pour le camouflage et le combat nocturne. Des officiers furent même envoyés en Italie ou convoqués d'Italie pour faire un rapport sur les méthodes alliées de débarquement et suggérer des leçons tactiques. Enfin, on se livra à des manœuvres d'intoxication pour faire croire à une présence de divisions plus importante sur les côtes, sans parvenir toutefois à abuser les Alliés qui, à la différence des Allemands, disposaient d'informations nombreuses et précises sur leur adversaire.

Grâce à Rommel, le Mur de l'Atlantique était, en juin 1944, assurément plus solide que jamais. La propagande de Goebbels faisait un grand battage autour de cette construction pharaonique, à la fois pour rassurer l'opinion allemande et impressionner l'ennemi, en passant évidemment sur ses faiblesses. Car il y en avait, et beaucoup, qui ne pouvaient échapper à un œil attentif. Un dispositif linéaire sur une aussi grande distance avait obligé à des choix, à une répartition inégale des points fortifiés, par manque de temps, de travailleurs et de moyens de construction, mais aussi en fonction des hypothèses sur les lieux probables de débarquement. Par ordre de densité, les zones les mieux fortifiées étaient la Manche, les embouchures de la Somme et de la Seine, la pointe du Cotentin, les îles anglo-normandes, les ports de Brest et de Lorient. L'emplacement du futur lieu de débarquement était, lui, relativement mal pourvu : pas de minage à grande échelle, un semis de casemates, peu de batteries lourdes, pas de seconde ligne de défense.

Tout au long du Mur, l'équipement était, de surcroît, fort inégal. De nombreuses pièces d'artillerie avaient été prélevées sur les lignes Maginot et Siegfried ou sur les armées vaincues. En mars 1944, l'armée allemande utilisait, entre la Hollande et la France, 3 823 pièces d'artillerie de provenance étrangère (61 modèles de tous calibres) contre un millier de pièces de fabrication allemande ; et seule une quarantaine d'entre elles pouvaient percer le blindage de navires de guerre. Il en allait de même pour les armes légères, de toutes provenances, avec des munitions tout aussi diverses et souvent en quantités limitées. En Normandie, on trouvait ainsi, sur une distance de 2 km, 4 types de mortiers et 7 de mitrailleuses légères.

La qualité des troupes laissait à désirer, elle aussi. A côté des divisions SS, des unités blindées et de formations de parachutistes bien équipées et motivées, la vingtaine de divisions dites stationnaires faisait médiocre figure. Placées en première ligne, dépourvues de moyens de transport, même attelés, elles se composaient d'hommes relativement âgés, souvent impropres au service sur le front oriental, et d'une proportion notable d'auxiliaires de l'Est (des Russes, des Cosaques, des Géorgiens, des Turkmènes, des Arméniens..) – près de 20 % des effectifs dans le secteur de Normandie – ainsi que de *Volksdeutsche*, d'Allemands ethniques d'Europe orientale, dont beaucoup baragouinaient l'allemand.

Ajoutons-y les difficultés croissantes de transport engendrées par les bombardements de l'ennemi. Dès le printemps 1944, l'aviation anglo-saxonne s'en prit massivement aux ponts, notamment ceux de la Seine et de la Loire, et au réseau ferroviaire autour de Paris, tandis que la Résistance renforçait ses activités de sabotage. Il devenait difficile d'acheminer sur la côte du matériel et des troupes. La bataille, si elle devait être gagnée, devait l'être immédiatement, sur le rivage.

Dieter Ose, *Entscheidung im Westen 1944. Der Oberbefehlshaber West und die Abwehr der alliierten Invasion*, Stuttgart, Deutsche Verlags-Anstalt, 1982.

David Fraser, *Knight's Cross. A Life of Field Marshall Erwin Rommel*, Londres, HarperCollins, 1993.

B.H. Liddell Hart (ed.), *The Rommel Papers*, Londres, Collins, 1953.

Ci-contre, page de droite en haut,
Ouvriers travaillant sous étroite surveillance. © Bundesarchiv

Ci-contre, page de droite en bas,
Sur le chantier du mur de l'Atlantique les nationalités vassalisées par le Reich travaillent côte à côte.
© Bundesarchiv

Todt

Ci-contre, Mise en place de pieux sur les plages : on utilise les lances à incendie pour creuser le sable. © Bundesarchiv

Ci-dessous, Des rails soudés en tétraèdres furent des obstacles particulièrement gênants pour les assaillants. © Bundesarchiv

Ci-dessus, Mitrailleuse anti-aérienne sur une plage des Pays-Bas. © ECPA-D

Ci-contre, en haut, Les mines sont omniprésentes du littoral jusqu'à une profondeur de 6 km dans l'intérieur des terres. © Bundesarchiv

Ci-contre, en bas à gauche, Un groupe de combat sort des abris pour se rendre à un point d'appui. © Keystone

Ci-contre, en bas à droite, alignement de barres métalliques le long d'une plage belge. © ECPA-D

Ci-dessus, Batterie allemande sur la falaise de Saint-Côme-de-Fresné (Calvados). © J.-P. Benamou/Mémorial de Caen

La stratégie allemande

Albert Speer, ministre de l'Armement, inspecte les nouvelles batteries défensives sur la côte de la Manche en compagnie du général Sepp Dietrich, commandant de la 1re Panzerdivision SS. © Presse-Illustrationen

Un Mur redoutable, au moins en apparence, des défenses importantes, mais inégalement denses : le champ de bataille était préparé. Mais il l'était en fonction d'une définition du danger qui péchait de plusieurs côtés, faute d'informations exactes sur les intentions ennemies.

Sur le moment du débarquement, le mystère n'était pas trop grand. Dès l'automne 1943, les Allemands l'attendaient pour l'année suivante. Des informations à leur disposition, ils tirèrent la conviction qu'il interviendrait entre mai et septembre 1944, ce qui laissait tout de même une marge de surprise.

En revanche, sur le lieu du débarquement, point crucial s'il y en eut un, ils étaient dans le brouillard et le restèrent jusqu'au bout. Les indices qui auraient pu conduire à une prévision meilleure ne furent pas retenus ou ne furent pas évalués correctement. Depuis 1942, toutes les zones, ou à peu près, avaient été envisagées, de la Norvège au Portugal, chaque service de renseignement y allant de ses hypothèses. Progressivement, des informations sur la concentration des troupes alliées dans le sud de l'Angleterre restreignirent l'éventail des probabilités à la côte française, plus exactement à quelques endroits de cette côte, retenus en fonction de présupposés qui allaient se révéler fautifs.

Le premier de ces présupposés était que le débarquement se ferait près d'un grand port afin de garantir rapidement un transbordement en masse. Nul n'avait prévu l'usage qui pourrait être fait des ports artificiels, pourtant connus par leur utilisation dans la guerre du Pacifique. Le second était que l'emplacement du débarquement devait permettre d'obtenir des résultats militaires aussi rapides que possible. Les responsables allemands privilégiaient du coup la région située entre la Seine et la Somme. L'étroitesse de la Manche assurerait aux Alliés un appui aérien et naval optimal. Du lieu du débarquement, il leur serait aisé de couper les lignes de communication allemandes, de détruire les emplacements de tir des armes secrètes et de prendre le chemin de la Ruhr. En conséquence de quoi la densité des défenses allemandes était incomparablement plus grande dans cette région que partout ailleurs – 20 divisions d'infanterie y stationnaient contre 14 sur un littoral breton et normand deux fois plus étendu.

Le dernier présupposé était que l'ennemi tenterait un débarquement sur deux points au moins de la côte. Les responsables allemands étaient victimes, ici encore, de l'intoxication alliée qui fit surestimer l'importance des forces présentes en Angleterre et donc la capacité de leurs adversaires à lancer deux opérations d'envergure, la principale devant avoir lieu dans le Pas-de-Calais.

Depuis février 1944, Hitler avait évoqué à plusieurs reprises l'hypothèse d'un débarquement largement aéroporté en Bretagne ou en Normandie. Il avait pointé le doigt, en particulier, vers la péninsule du Cotentin dont la possession permettrait aux Alliés de tenir un front stable et de s'emparer de Cherbourg. Mais il devait s'agir d'une opération secondaire. Il fit donc renforcer les troupes et les défenses en Normandie, sans modifier le centre de gravité du dispositif allemand.

Une fois acquise l'idée d'un débarquement en plusieurs points, comment utiliser au mieux des ressources militaires limitées ? Hitler avait fait connaître son point de vue. Il fallait écraser tout débarquement sur le rivage, comme à Dieppe. L'Allemagne ne pouvait se permettre une guerre de position face à un ennemi qui aurait réussi à s'accrocher à la terre ferme. Quant à une guerre de mouvement, elle était hors de question, car elle impliquait de concéder un espace réduit et précieux. On pouvait donc s'attendre que Hitler s'en tiendrait à la maxime qu'il avait fait prévaloir à plusieurs reprises sur le front de l'Est : tenir jusqu'à la dernière cartouche.

Ci-dessus, Hitler se veut toujours le décideur suprême (à sa droite, le maréchal Keitel).
© Bundesarchiv

Ci-contre, à droite, Le maréchal von Rundstedt, responsable des forces allemandes en Europe de l'Ouest. *À gauche,* Sepp Dietrich, commandant de la 1re Panzerdivision SS.
© Bundesarchiv

Le rivage avait été fortifié autant que possible. Il restait à déterminer l'emploi que l'on ferait des moyens de deuxième ligne et qui en disposerait. Sur ce dernier point, il était clair que Hitler se réservait le dernier mot, habitué qu'il était depuis plusieurs années à intervenir dans les décisions opérationnelles, jusque dans l'engagement des unités. Et conformément à ses habitudes, il distribuait les compétences de manière peu claire, favorisant l'émulation parmi ses subordonnés et renforçant sa position d'arbitre. Par-dessus tout, il évitait de concentrer trop de pouvoirs dans les mains d'une seule personne.

Sur le théâtre occidental régnait donc l'habituel chevauchement des compétences, ce que regrettaient aussi bien von Rundsedt que Rommel. Le premier, incarnation de l'officier prussien, avait sous son commandement, en sa qualité de chef des troupes de l'Ouest, deux groupes d'armées (les groupes B et G). Mais il n'avait pratiquement aucune autorité sur les troupes de la marine, de l'aviation et de la *Waffen-SS* présentes dans sa zone de commandement. Son autorité était même incertaine à l'égard de Rommel, nominalement son subordonné, depuis qu'il avait été nommé par Hitler, en janvier 1944, chef du groupe d'armées B, qui comprenait la 7e armée en Bretagne et en Normandie et la 15e armée dans le Pas-de-Calais.

L'un et l'autre tombaient au moins d'accord pour déplorer l'absence d'unité de commandement, celui-là même qu'avaient réalisé leurs ennemis en plaçant sous l'autorité de Eisenhower l'ensemble des opérations alliées. Rommel avait demandé à disposer du commandement sur les troupes blindées dans son secteur. Hitler avait refusé.

L'emploi de ces troupes donna lieu, précisément, à un vif débat qui se prolongea plusieurs mois entre Rommel et Geyr von Schweppenburg, le chef des forces blindées à l'Ouest. Rommel partait du constat de la supériorité aérienne massive des Anglo-saxons, dont il avait fait l'expérience en Afrique du Nord et qui freinerait la mobilité des troupes blindées. Il voulait donc les disposer le plus près possible de la côte pour qu'elles puissent intervenir immédiatement, en concentrant leur feu sur les troupes en train de débarquer, moment hautement délicat. Le maître de la guerre de mouvement s'était transformé en partisan d'une guerre de position.

Responsable d'une force qu'il entraînait efficacement en vue de l'épreuve à venir, Geyr von Schweppenburg avait été impressionné par les opérations alliées en Sicile et en Italie. Il en avait retiré la conviction que les blindés ne faisaient pas le poids près du rivage face aux tirs cumulés de l'aviation et de l'artillerie navale de l'ennemi. A son avis, le débarquement ne pouvait que réussir, où qu'il ait lieu, les Alliés bénéficiant de l'effet de surprise et de leur supériorité matérielle. Il fallait donc tenir en réserve autour de Paris une force blindée puissante qui les affronterait de concert avec la Luftwaffe, une fois qu'ils exposeraient leur flanc en s'aventurant vers l'intérieur du continent.

La position de Rommel avait une force certaine. Si l'ennemi consolidait sa présence sur sol français, l'issue de la guerre à l'Ouest n'était pas douteuse. Il valait donc mieux concentrer des ressources limitées sur l'interdiction de débarquement (un choix dévastateur si le lieu avait été connu ou mieux deviné). Mais quoi qu'il en soit de leur valeur intrinsèque, ni l'une ni l'autre de ces options ne fut mise à l'épreuve. Appelé à arbitrer, Hitler divisa la poire en deux. Rommel obtenait trois divisions blindées, distribuées entre le Pas-de-Calais, Rouen et Caen. Trois autres étaient attribuées au groupe d'armées G dans le Sud-Ouest et le Midi, tandis que les quatre dernières étaient placées en réserve et ne pouvaient être engagées qu'avec l'autorisation de Hitler. De la sorte, les blindés n'étaient pas assez près des côtes pour satisfaire Rommel, et ils n'étaient pas assez nombreux pour former une réserve de contre-attaque.

Désormais, il ne restait qu'à attendre, comme les soldats du roman de Dino Buzzati, *Le Désert des Tartares*. Mais cette attente n'était pas aussi anxieuse ou pessimiste qu'on le supposerait aujourd'hui, en connaissant le dénouement. Les Allemands mesuraient le risque couru par leurs adversaires. Rien de plus incertain qu'une opération amphibie contre un rivage défendu. A la vue de ce qui s'était passé en Italie, ils se trouvaient renforcés dans un vieux préjugé sur la piètre valeur des troupes anglaises et américaines. Face à leur armée aguerrie, on verrait ce qu'on verrait. La propagande de Goebbels promettait un deuxième Dunkerque. Hitler pensait de même.

Le débarquement à l'Ouest était une bataille annoncée et attendue. Des deux côtés, les protagonistes jugeaient qu'elle déciderait de l'issue de la guerre en Europe occidentale. Du côté allemand, le rejet des Alliés à la mer ferait gagner un temps précieux. Après un tel échec, il leur faudrait des mois pour monter une nouvelle opération. Roosevelt pourrait ne pas être réélu et la fatigue de l'opinion causer la chute de Churchill. Dans tous les cas, des troupes seraient libres pour reprendre l'offensive à l'Est et règler son compte à l'armée soviétique. A défaut, l'alliance ennemie pourrait éclater, ouvrant la voie à une paix séparée, d'un côté ou de l'autre.

David C. Isby (ed.), *Fighting Invasion. The German Army at D-Day* (témoignages de responsables militaires allemands), Londres, Greenhill Books, 2000.

Dieter Ose, *Entscheidung im Westen 1944. Der Oberbefehlshaber West und die Abwehr der alliierten Invasion*, Stuttgart, Deutsche Verlags-Anstalt, 1982.

Ci-dessus, Rommel inspecte les obstacles installés sur la plage : troncs pointus et pieux minés ; plus loin, dans l'eau, les « portes belges », barrières renforcées d'un cadre de fer et couvertes à marée haute. © Bundesarchiv

Vichy à la recherche d'une échappatoire

Dans l'Europe occupée, la France disposait d'une place singulière : si, comme les autres pays de l'Europe occidentale, elle échappait à la polonisation, elle demeurait, du moins sur le papier, une puissance souveraine, même après novembre 1942. Hitler décidant, après l'échec de la bataille d'Angleterre, de ne pas conclure la paix à l'Ouest, la collaboration d'Etat s'imposa dans les faits. L'Etat français, qui se voulait non seulement légal mais légitime, et dont le dessein majeur était de mener à bien une révolution culturelle, dite Révolution nationale, se serait bien passé de devoir gérer les contraintes de cette collaboration. Et lorsque à Montoire, en octobre 1940, Pétain avait rencontré Hitler et annoncé son choix, celle-ci constituait moins pour lui une fin qu'un moyen, celui de maintenir la pérennité du régime.

Les motifs de Pétain n'étaient pas vraiment idéologiques. De culture réactionnaire et catholique, profondément germanophobe, il n'éprouvait guère de sympathie pour la violence et le paganisme nazis. Il choisissait ce qui lui semblait la politique du moindre mal, fondée sur la conviction que le Reich sortirait vainqueur du conflit. Il fallait donc nouer des relations privilégiées avec Berlin pour être en bonne position à la table des négociations de paix, tout en consolidant le régime. Laval, et plus encore Darlan, jugeaient plutôt que la *pax germanica*, en tout état de cause préférable à la perspective d'un monde dominé par les Anglo-Saxons, signifierait aussi la défaite du bolchevisme, hantise de tous les hiérarques du régime. Et ils estimaient que la flotte et plus encore l'Empire, ainsi préservés, constitueraient, dans la nouvelle Europe, des atouts décisifs.

Cette stratégie restait strictement hexagonale et défensive. S'il avait bien été question un moment, en 1941, de cobelligérance avec le Reich, Vichy affichait généralement le refus de tout engagement dans le conflit planétaire. Ce qui restait des armées françaises ne devait être utilisé que pour sauvegarder l'Empire, conçu comme une extension de la métropole. Pour combiner la nécessité de bons rapports avec le Reich et le refus d'une quelconque participation au conflit, Vichy pratiqua ce que l'historien Robert Frank a nommé une « neutralité asymétrique », acceptant la participation à la machine de guerre du Reich, lui accordant des facilités logistiques dans l'Empire (en Syrie, en Tunisie...), sans jamais soutenir l'effort de guerre allié.

L'Etat français espérait pouvoir ainsi monnayer les atouts qui lui restaient; mais les retombées de l'opération *Torch* l'avaient privé en quelques semaines de ses cartes maîtresses : alors que la totalité du pays était maintenant occupé, il avait perdu la majeure part de la flotte de haute mer sabordée à Toulon, et surtout l'Empire, demeuré jusqu'alors loyal à l'exception de l'AEF, de la Nouvelle-Calédonie, de la Syrie et du Liban. Or, le Reich soumettait dorénavant les nations de l'Europe de l'Ouest aux exigences de la guerre totale. Après la crise de novembre 1943, il avait imposé à Vichy, réduit à faire de la figuration, une sujétion toujours plus dure : tribut économique démesuré, envoi de travailleurs, livraison de Juifs, coopération renforcée dans la répression.

Avec l'imminence d'un débarquement sur les côtes françaises, le gouvernement était confronté à ce qu'il avait continûment cherché à éviter : le retour de la guerre sur le sol national. Si Laval en était réduit à déclarer le 3 mars 1944 : « Je ne dis pas qu'elle [l'Allemagne] sera victorieuse mais qu'elle ne sera pas vaincue », il n'avait rien à proposer. Pétain, lui, tergiversait, mais n'excluait pas de tabler, en cas d'insuccès du Reich, sur une relative bienveillance des Américains pour sauver la légitimité de son régime; une partie de son entourage tentait même de prendre langue avec de « bons » résistants, tels Michel Debré et Pierre-Henri Teitgen, contactés dans l'hiver. Et comme Berlin craignait qu'en cas de débarquement allié le Maréchal ne se dérobe (par exemple en se prétendant malade), il acceptait de pré-enregistrer, en mars, un message par lequel il adjurait les Français de demeurer neutres, de n'apporter aucune aide aux Anglo-Saxons.

Robert Frank, « Pétain, Laval, Darlan », in Jean-Pierre Azéma et François Bédarida (dir), *La France des années noires*, Le Seuil, 1993, 2000.

Jean-Baptiste Duroselle, *L'Abîme*, Le Seuil, 1990.

Ci-contre, Affiche de propagande vichyssoise. © DR

VOUS ÊTES PRÉVENUS !

DES BOMBARDEMENTS MASSIFS VOUS ATTENDENT

Radio-Londres vient d'annoncer que la R. A. F. va à nouveau raser des villes françaises. Les speakers juifs de la B. B. C. vous signalent que Paris, Argenteuil, Boulogne-Billancourt, Colombes, Ivry, Courbevoie, Lille, Chartres, Toulouse, Lyon, Le Mans, Nantes, Gennevilliers, Limoges, Bourges, Clermont-Ferrand, etc..., seront détruits par des « **bombardements massifs** ».

A Toulon et à Marseille, ils viennent de massacrer la population ouvrière, et ce n'est qu'un début. Ainsi, une fois de plus, les lâches qui poursuivent en Italie leur offensive de tortue contre l'Europe, mais qui n'ont pas mis à temps leur promesse de « **débarquer avant la chute des feuilles pour vous libérer** », vous déclarent qu'ils vont, de six à dix mille mètres de hauteur,

TUER DES FEMMES, DES ENFANTS

ET DES MILLIERS D'ÊTRES SANS DÉFENSE,

détruire le patrimoine culturel, les églises, les monuments historiques et les œuvres d'art de la France, comme ils tentent, dans leur haine de l'Europe, de détruire toutes les preuves de sa civilisation.

Radio-Londres n'avoue cependant qu'une seule partie de son plan criminel. Ce que veulent Churchill et Roosevelt, c'est :

DÉTRUIRE LA FRANCE

supprimer nos cités industrielles, nos usines, nos centres ferroviaires, réduire au chômage des centaines de milliers de Français. Pratiquement, ils veulent développer la misère déjà grande dans notre pays. Ils veulent aussi

SUPPRIMER LA CONCURRENCE

que l'industrie française et européenne faisait avant la guerre à l'Angleterre et à l'Amérique.

Du côté de la Résistance intérieure

Ci-dessus, Jean Moulin sortant de l'hôtel de ville de Rodez, en 1937, en compagnie du cardinal et archevêque de Paris, Mgr Verdier. © Centre national Jean Moulin/Keystone

Même en 1944, les résistants demeuraient minoritaires, et la déception provoquée par le report du débarquement promis par Churchill n'incitait guère à s'engager. Pourtant, la Résistance avait gagné en densité et en crédibilité politique. Aux gaullistes, aux communistes et à ceux que l'on peut nommer « les ni-ni », ne se réclamant ni de l'homme du 18 juin ni du Parti, se joignaient progressivement des « vichysto-résistants ». L'Organisation de Résistance de l'Armée (ORA), intégrant au printemps 1943 une partie des cadres de l'ex-armée d'armistice, représente ce courant d'hommes qui ont d'abord fait un bout de chemin avec Vichy avant d'entrer en dissidence, après l'opération *Torch.* Quant aux maquis qui avaient d'abord servi de refuge aux réfractaires au STO, ils étaient devenus pour partie d'entre eux des maquis de combat dépendant soit de l'Armée secrète soit des FTP contrôlés par les communistes; et ils pouvaient être efficaces pour peu qu'ils réussissent à gagner la confiance des paysans.

Le 27 mai 1943, Jean Moulin avait réuni à Paris, une première dans l'Europe occupée, dans un « Conseil de la Résistance », huit représentants des Mouvements de Résistance, six des partis politiques et deux des centrales syndicales. Si le rôle du CNR était en principe consultatif, il entendait jouer un rôle politique actif dans la perspective du débarquement. Un bureau, réduit pour des raisons de sécurité, sous la houlette de Georges Bidault, s'était rattaché des commissions créées naguère par les Mouvements de Résistance. Il chargeait ainsi le 13 mai 1944, le Comité d'Action Militaire (COMAC), une instance de trois membres dont le communiste Pierre Villon, de coordonner l'action immédiate et d'organiser la chaîne de commandements des Forces Françaises de l'Intérieur (FFI). Le dispositif était relayé par des Comités de Libération en place un peu partout.

Le CNR mettait au point, le 15 mars, une « Charte », qui était le « Programme d'Action de la Résistance ». La postérité n'en a retenu que « les mesures à appliquer dès la libération du territoire ». Elles visaient le rétablissement des libertés démocratiques fondamentales (mais n'envisageaient pas le vote des femmes). Pour instaurer une « véritable démocratie économique et sociale », un ensemble de mesures réformistes compléterait l'œuvre du Front populaire par le « retour à la nation » des sources d'énergie et un « plan complet de sécurité sociale ». Mais les trois quarts de ce texte fondateur étaient consacrés à la présentation minutieuse d'un « plan d'action immédiate ».

Les relations entre les responsables de cette Résistance intérieure et Alger n'ont pas été aussi antagonistes qu'on l'a dit. Moulin avait placé les Mouvements de Résistance sous l'obédience de la France Libre. Après lui, le CNR s'était donné un président issu de la Résistance et entendait ne pas être prisonnier des directives d'Alger. Mais, tout en cherchant à faire entendre sa différence, le CNR s'est voulu d'autant plus loyal vis-à-vis du CFLN, que les résistants de base se disaient volontiers « gaullistes ». Tous affirmaient que les Français ne se battraient pas pour une simple révolution de palais ou un mouvement préfectoral. Les communistes, pour leur part renonçaient pour le moment sur ordre de Staline, à la prise du pouvoir. Quant à la majorité des non-communistes, ils s'efforçaient de faire en sorte que de Gaulle dût s'appuyer de manière systématique sur la Résistance.

Parallèlement, à Alger, le remaniement de septembre avait intégré des chefs historiques de la Résistance, tels Frenay et Emmanuel d'Astier de La Vigerie, et les hommes de la Délégation mise en place par Moulin servaient d'intermédiaires. Cela dit, le CFLN s'efforçait de garder le contrôle de ce qui se passerait après le débarquement, déniait au COMAC tout pouvoir de commandement et plaçait tous les FFI sous le commandement du général Koenig.

Le CFLN et son chef avaient acquis une légitimité d'autant plus difficile à contester que les responsables de la Résistance ne parvenaient pas à l'unifier dans un parti. Si les trois principaux Mouvements de zone Sud, Combat, Libération-Sud, Franc-Tireur avaient, en janvier 1944, intégré, dans un « Mouvement de Libération Nationale », Défense de la France, Résistance, puis Lorraine, d'autres grands Mouvements de zone Nord préféraient garder leur autonomie. Par ailleurs, tandis que les communistes et les socialistes étaient constamment en bataille, d'autres continuaient de se défier des partis politiques. On ne peut pas dire que la France du refus connaissait deux pôles distincts, ce qui aurait rendu très complexe la situation politique lors du débarquement. Mais un certain nombre de divergences s'exacerbaient quand il s'agissait de définir l'action politico-militaire à mener le jour J.

Jean-Pierre Azéma et François Bédarida (dir.), *La France des années noires*, tome 2, Le Seuil, 1993.

Claire Andrieu, *Le Programme commun de la Résistance*, Ed. de l'Erudit, 1984.

Olivier Wieviorka, *Une certaine idée de la Résistance, Défense de la France 1940-1949*, Le Seuil, 1995.

Ci-dessous, Goupe de maquisards français en 1943. © Humanité/Keystone

Ci-dessous, Emmanuel d'Astier de La Vigerie (Libération), Jean-Pierre Lévy (Franc-Tireur) et Henri Frenay (Combat). © Rue des Archives

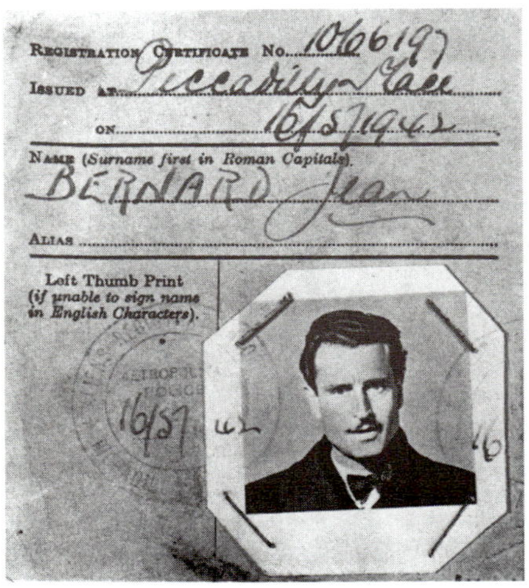

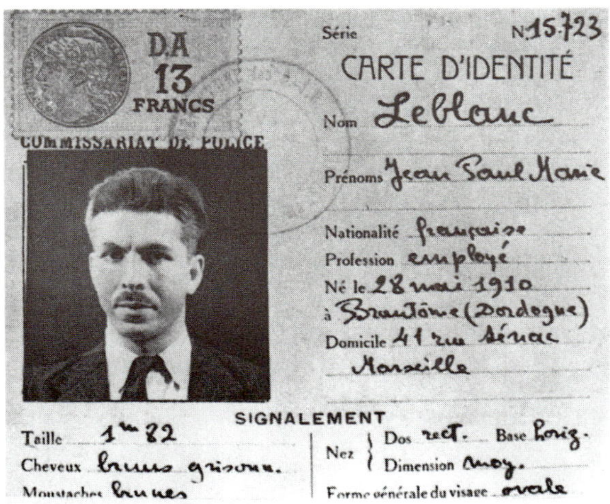

Les résistants : se battre mais comment ?

Ci-dessus, combattants du maquis de l'Ain en 1944. © Humanité/Keystone

La perspective du débarquement, dont beaucoup pensaient qu'il donnerait le signal de l'insurrection libératrice, posait aux Résistants le problème de l'articulation entre les deux événements. Et les discussions internes compliquaient la position de leurs responsables vis-à-vis des projets du CFLN.

Les points de vue s'étaient rapprochés sur la question de l'action immédiate. La poussée des maquis, l'activisme des communistes et des Mouvements de zone Sud avaient condamné de fait ce qu'on appelait « le Jourjouisme », l'attente du jour J consignant les forces paramilitaires – Armée secrète, groupes francs, maquisards – regroupés dans les FFI, dans des sortes de casernes virtuelles. Le programme du CNR, malgré les réserves des socialistes, avait affirmé la nécessité de l'action immédiate : « Née de la volonté ardente des Français de refuser la défaite, la Résistance n'a d'autre raison que la lutte quotidienne sans cesse intensifiée. » Londres et Alger, qui redoutaient pourtant qu'un soulèvement prématuré n'amène en France des renforts allemands, avaient fini par admettre le principe d'opérations de guérilla, approuvant par exemple la mobilisation des maquisards des Glières en mars 1944.

D'ailleurs, à la fin de mai 1944, c'est parce que les Allemands ne pouvaient plus se déplacer en Dordogne ou en Corrèze qu'en convois fortement armés, parce que les hommes de Guingouin, « le préfet du maquis », régnaient, la nuit, dans le Limousin, que la division *Das Reich* avait reçu l'ordre d'écraser « les bandes ». Avant même le 6 juin se déclenchaient des mobilisations régionales, notamment autour du mont Mouchet et dans la Margeride.

Restait à savoir comment articuler libération et insurrection. Le programme arrêté par Alger et Londres, approuvé par les Britanniques, prévoyait que des actions échelonnées dans le temps seraient coordonnées par les délégués militaires régionaux nommés depuis Alger par le Comité Français de la Libération Nationale.

Comme l'a bien souligné l'historien François Marcot, pour nombre de résistants, notamment dans les rangs du principal Mouvement de zone Nord, l'Organisation Civile et Militaire, et surtout pour l'ORA, cette guerre de libération, liée aux combats qu'entraînerait le débarquement, devait être menée par des experts, par des cadres militaires. Les civils solidaires pourraient fournir renseignements et ravitaillement, mais n'interviendraient pas dans les orientations majeures.

Les socialistes, comme d'autres responsables des Mouvements, n'allaient pas jusqu'à l'insurrection générale, qui risquait, d'ailleurs, de mettre en danger la population civile. Mais ils envisageaient la participation militaire et politique des « résistants citoyens », à côté des spécialistes agissant avec les alliés.

Une tout autre stratégie, celle des « citoyens-soldats », remettait nettement en cause les programmes mis au point par Alger. Donner de l'importance aux experts militaires revenait à favoriser l'attentisme et symétriquement à encourager les entreprises hasardeuses de grands maquis « mobilisateurs ». Il faudrait appeler à la mobilisation d'un nombre suffisant de citoyens en veillant à ce que les civils l'emportent sur les militaires. Même si on finissait par admettre que l'insurrection ne soit pas concomitante du jour J, la libération citoyenne devait hâter l'effondrement des forces allemandes, et non attendre d'en être la conséquence. Cette approche, celle du programme du CNR, était prônée par le COMAC, par le parti communiste et, parmi les Mouvements de zone Sud, par des responsables aussi divers que Ravanel, Bourdet, Degliame, Bénouville.

Mais la Résistance manquait de cadres et plus encore d'armement. Sans doute, Churchill avait-il depuis janvier 1944 favorisé les parachutages d'armes en France. Des « missions *Jedburghs* », composées d'un Américain, un Anglais et un Français, répertoriaient les besoins. Mais ceux qui voulaient passer à l'action se sentaient encore bien démunis, notamment en armement lourd. Rappelons que l'argent et les moyens radio étaient contrôlés par les Délégués militaires régionaux, dépendants d'Alger. Ajoutons que, à la différence d'un bon nombre de responsables britanniques, les Américains avaient une piètre opinion de la valeur militaire de résistants, dont ils craignaient en outre qu'ils ne deviennent gênants politiquement.

Au-delà de ces divergences et des désaccords qui continuaient de les opposer au Comité d'Alger, tous les résistants, y compris les communistes mobilisés pour l'écrasement du nazisme, étaient décidés à mettre en application « en priorité » les différents plans élaborés en liaison avec l'Etat-Major allié pour, sinon paralyser, du moins retarder les forces allemandes dans les heures décisives qui suivraient le débarquement.

François Marcot (dir) *La Résistance et les Français, lutte armée et maquis*, Les Belles lettres, 1996

Jean-Louis Crémieux-Brilhac, *La France Libre*, Gallimard, 1996.

Ci-dessous, Les résistants de Châteaudun en Eure-et-Loir ont reçu un parachutage d'armes. Mais c'est seulement le 23 août 1944. © Keystone

Les ambivalences de l'opinion française

Les gouvernements successifs de Vichy – et au total le régime – furent assez rapidement victimes d'un double rejet. Celui de l'occupant, manifeste même lorsqu'on se sentait contraint de s'accommoder de sa présence. Et celui de la collaboration d'Etat, symbolisée par la rencontre de Montoire, d'autant plus impopulaire que loin d'apporter le moindre allégement aux occupés, elle en aggravait le sort, surtout avec l'instauration en 1943 du Service du Travail Obligatoire. Dès l'automne 1941, le Français moyen s'était détaché du régime et installé, d'abord avec résignation, dans l'attentisme.

Cette stratégie était renforcée par ce que Pierre Laborie nomme « l'imaginaire Pétain », une donnée forte dans un régime de type charismatique. On vénère le « vainqueur de Verdun », le noble vieillard faisant « le don de sa personne à la France », le chef demeuré en métropole. Et de surcroît on admire le politique supposé « finasser » avec le vainqueur en menant double jeu. Mais cette image véhiculée par le maréchalisme de base, inclut une composante nationaliste et germanophobe dont se contente l'attentisme.

On a donc eu tort de prétendre que les Français étaient passés de l'adhésion au régime de Vichy à un ralliement délibéré au gaullisme ou aux Mouvements de Résistance. Le consensus passif a dominé, l'ambivalence des attitudes a prévalu jusqu'à la Libération.

Il fait peu de doute que le Français moyen souhaitait la fin de l'Occupation. Il pouvait être amené à sauter le pas, à entrer en Résistance par des solidarités de fait, lorsque la répression ne lui laissait plus le choix, voire par des solidarités plus construites, des appartenances politiques et sociales du type de celles qui ont motivé des cheminots, des socialistes ou des communistes, des protestants par exemple.

Mais la majorité restait accablée par les désappointements, la lassitude et diverses peurs. On se sentait désappointé parce que le débarquement promis depuis des mois était remis aux calendes. Les difficultés grandissantes de la vie quotidienne, notamment du ravitaillement, accroissaient lassitude des corps et accaparement des esprits. Et les peurs s'additionnaient. Peur des représailles, fondée car l'Allemand n'était plus correct du tout : le 2 avril 1944, des SS, prenant prétexte de l'immobilisation de leur train, lancés dans une chasse à l'homme dans la ville d'Ascq, tuaient 86 personnes de tout sexe et de tout âge ; après un accrochage avec le maquis, l'occupant, le dimanche de Pâques, à Saint-Claude, dans le Jura, envoie en déportation 307 hommes, dont 172 ne reviendront pas ; en mars, à Nîmes, il avait inauguré la pratique, qui se voulait dissuasive, des pendaisons de civils raflés dans la rue. Par-dessus le marché, on redoutait les bombardements anglo-saxons : les raids de la Pentecôte, visant à désorganiser les gares de triage, sans égard pour les capacités de sabotage des résistants, firent des milliers de victimes, engendrant un profond ressentiment. Enfin Vichy orchestrait la peur plus politique d'une guerre civile fomentée par les communistes préparant leur grand soir, de Gaulle tenant le rôle d'un second Kerenski.

Bref, le Français moyen balançait dans l'attente entre fièvre et pessimisme.

Pierre Laborie, *L'Opinion française sous Vichy*, Le Seuil, 1990.

Ci-dessus, le 26 avril 1944, Pétain se rend dans la capitale, où les Parisiens leur réservent un chaleureux accueil © LAPI/Roger-Viollet

Ci-contre, Inhumation des victimes du massacre d'Ascq, le 2 avril 1944. © Tallandier

5. Ils ont débarqué

Pourquoi bombarder la France ?

Ci-dessus, Le pilonnage des côtes et de l'arrière-pays fut systématique.
© US Army/Mémorial de Caen

L'aviation a constitué – on l'a souvent dit – l'arme spécifique de la Seconde Guerre mondiale, chacun des deux camps essayant de s'assurer la suprématie aérienne. Le ciel, devenu anglo-saxon, pesa lourd dans le succès de l'opération *Overlord*, avant comme pendant le jour J.

Les usages militaires de l'avion s'étaient diversifiés : les états-majors, d'abord allemands, puis britanniques, en étaient venus à organiser des « bombardements stratégiques » qui visaient autant à terroriser la population qu'à détruire le potentiel militaire de l'adversaire. Mais les bombardements alliés, qui se répétèrent durant toute la guerre, cherchaient, de façon plus classique, à détruire préventivement défenses adverses, nœuds de communication routiers et ferroviaires, etc. Dès l'automne 1940, les opérations de la RAF avaient pris pour cibles les ports où se réfugiaient les navires de la *Kriegsmarine*; ainsi Le Havre fut touché plus de 90 fois jusqu'en janvier 1944. A partir de l'automne 1943, les raids, plus nombreux et plus variés, s'attaquèrent de manière systématique aux gares de triage, voire aux locomotives et aux convois. A mesure que la France devenait, au fil des mois, un enjeu militaire primordial, ils y furent encore plus meurtriers, plus dévastateurs. On estime également que près de 60 000 personnes ont péri sous les bombes, soit le dixième de tous les morts français durant la seconde guerre mondiale. Si on défalque le nombre des victimes des bombes allemandes en 1940, on peut évaluer probablement à quelque 50 000 les civils tués par les bombardements anglo-saxons pendant toute la guerre.

La progression s'accéléra dans les cinq premiers mois de 1944 : pour le seul mois de mai, plus de 1 280 bombardements frappèrent près de 800 localités. La semaine de la Pentecôte, à la fin du mois, fit plus de 600 victimes à Lyon, près de 900 à Saint-Etienne, 800 à Rouen (en comptant les victimes d'un précédent bombardement le 19 avril). Il s'agissait de désorganiser ainsi à l'avance les mouvements des forces de la *Wehrmacht* pour l'empêcher d'amener rapidement des renforts vers les plages normandes. Tout le territoire – ou presque – fut touché, ce qui rendit difficile aux Allemands, il faut le reconnaître, de localiser la zone du débarquement. Ainsi le Nord et le Pas-de-Calais, où stationnait la réserve stratégique des divisions de Panzer, reçurent plus de 50 % du tonnage des bombes déversées sur l'ensemble du territoire national pendant les cinq premiers mois de l'année 1944. Mais les alliés visèrent tout particulièrement, on le comprend, les fortifications du mur de l'Atlantique sur la côte normande, en même temps que les rampes de lancement de V1 et de V2 qui venaient d'y être mises en chantier (on en dénombra une quarantaine dans la Manche).

Le débarquement vit s'opposer deux logiques. Les Normands comme nombre de Français, tout à la fois attendaient et redoutaient le débarquement. Soumis à cette dernière vague de bombardements, ils escomptaient au moins que les Alliés enfonceraient les défenses allemandes suffisamment vite pour qu'ils aient eux-mêmes à souffrir le moins possible de la bataille. Plongés dans une guerre dont Vichy leur répétait qu'elle n'était pas la leur, ils n'en étaient pas à imaginer que leurs villes serviraient de cibles tactiques.

Double page précédente, Des embarcations de débarquement s'approchent de la côte à l'aube du 6 juin : temps couvert, mer accusant parfois des creux de 1 m, vent de force 4.

Ci-dessus, B-26 *Marauder* au-dessus de la Manche.
On les appellera aussi les *Widowmaker* («faiseurs de veuves»).

Mais pour Eisenhower et son staff, ce débarquement techniquement difficile et aléatoire était trop important pour qu'on puisse courir des risques supplémentaires. Sans tenir pour totalement négligeable l'action de la Résistance, ils avaient, dès le mois de mai, jugé qu'un bombardement systématique serait bien plus efficace que les sabotages qu'elle s'était engagée à opérer. Malgré les objections de certains responsables britanniques, Eisenhower avait même obtenu de détourner à cet effet une partie des escadrilles engagées dans les bombardements stratégiques sur l'Allemagne. Forteresses volantes et *Liberators* américains, *Lancaster* et *Halifax* britanniques, ces bombardiers lourds, qui emportaient jusqu'à 6 tonnes de bombes dont certaines explosives et incendiaires, allaient donc être utilisés, le jour J et les jours suivants sur et contre les cités normandes pour gêner au maximum les forces allemandes stationnées près de la côte. Il est significatif que Montgomery ait prévu dès avril que si la ville de Caen, située à 10 km de la côte, ne pouvait être enlevée le jour même, des bombardements massifs limiteraient au maximum l'avantage que pourrait en retirer la *Wehrmacht*.

Les chefs anglo-saxons n'ignoraient pas les dommages que causeraient pareilles opérations dans la population normande. Mais c'était la guerre. Et puisque ces victimes civiles payaient de leur vie les moyens d'assurer la réussite d'*Overlord*, appuyant indirectement l'action des soldats libérateurs, il n'y avait pas à balancer.

Jean Quellien, *La Normandie au cœur de la guerre*, Ed. Ouest-France, 1992.

Ci-dessous, Un bombardier A-20 *Havoc* de la 9e Air Force américaine en mission sur le Cotentin. © DITE

Ci-contre, page de gauche, 14 juin 1944. Avion de chasse P-38 *Lightning* utilisé lors du débarquement.
© US Army/Mémorial de Caen

Le débarquement le jour J.

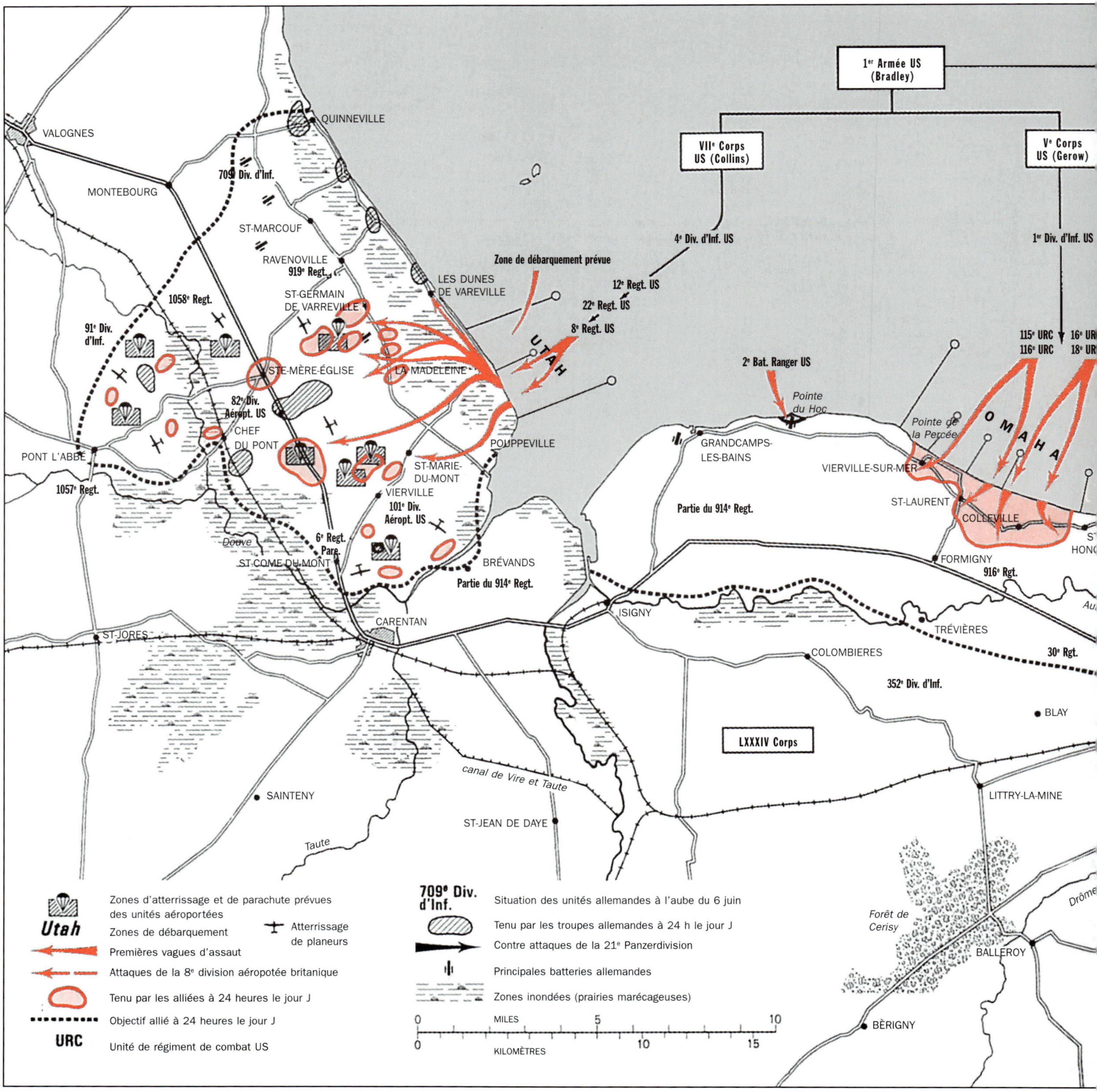

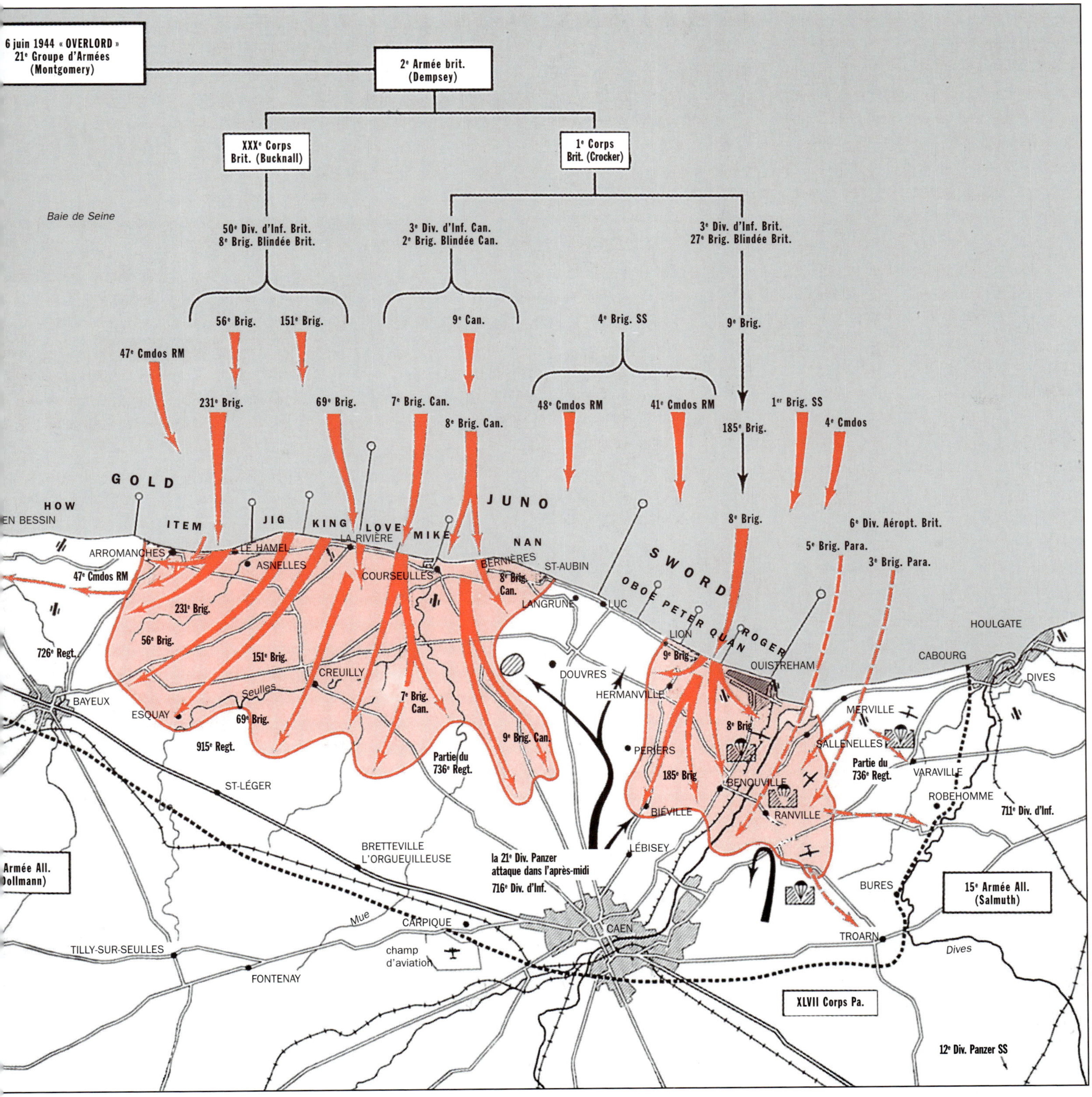

6 juin 1944 « OVERLORD »
21e Groupe d'Armées
(Montgomery)
2e Armée brit.
(Dempsey)
XXXe Corps
Brit. (Bucknall)
1e Corps
Brit. (Crocker)
Baie de Seine
50e Div. d'Inf. Brit.
8e Brig. Blindée Brit.
3e Div. d'Inf. Can.
2e Brig. Blindée Can.
3e Div. d'Inf. Brit.
27e Brig. Blindée Brit.
56e Brig.
151e Brig.
9e Can.
4e Brig. SS
9e Brig.
47e Cmdos RM
231e Brig.
69e Brig.
7e Brig. Can.
8e Brig. Can.
48e Cmdos RM
41e Cmdos RM
185e Brig.
1er Brig. SS
4e Cmdos
GOLD
HOW
EN BESSIN
ITEM
JIG
KING
LOVE
MIKE
JUNO
NAN
8e Brig.
6e Div. Aéropt. Brit.
5e Brig. Para.
3e Brig. Para.
SWORD
OBOE
PETER
QUAN
ROGER
ARROMANCHES
LE HAMEL
ASNELLES
LA RIVIÈRE
COURSEULLES
BERNIÈRES
ST-AUBIN
LANGRUNE
LUC
LION
OUISTREHAM
HOULGATE
CABOURG
DIVES
47e Cmdos RM
231e Brig.
56e Brig.
151e Brig.
726e Regt.
BAYEUX
ESQUAY
Seulles
CREUILLY
69e Brig.
915e Regt.
7e Brig. Can.
Partie du 736e Regt.
9e Brig. Can.
DOUVRES
HERMANVILLE
9e Brig.
8e Brig.
PERIERS
185e Brig
BÉNOUVILLE
BIÉVILLE
RANVILLE
MERVILLE
SALLENELLES
Partie du 736e Regt.
VARAVILLE
ROBEHOMME
711e Div. d'Inf.
ST-LÉGER
BRETTEVILLE L'ORGUEUILLEUSE
la 21e Div. Panzer attaque dans l'après-midi
716e Div. d'Inf.
LÉBISEY
Armée All.
Dollmann)
BURES
15e Armée All.
(Salmuth)
Mue
CARPIQUE
CAEN
TROARN
Dives
TILLY-SUR-SEULLES
champ d'aviation
FONTENAY
XLVII Corps Pa.
12e Div. Panzer SS

Planeurs et parachutistes

Des Américains débarquent d'un planeur arrivé à bon port.
© DITE/USIS

Les premiers soldats alliés de l'opération *Overlord* qui touchent le sol français appartiennent aux forces spéciales françaises, parachutés en Bretagne le 5 juin. Le caporal Bouétard des FFL est le premier mort de l'opération. Ironie du sort, il est tué par un volontaire géorgien de l'armée de Vlassov, stationnée en Bretagne. Deux groupes plus importants de parachutistes et de soldats d'infanterie embarqués dans des planeurs, un de Britanniques et un d'Américains arrivent en Normandie peu avant minuit. Les éléments de la 6e division aéroportée britannique ont reçu la mission vitale de fermer les routes permettant l'accès à l'est de la zone de débarquement en prenant deux ponts sur l'Orne et le canal de Caen à la mer, et en démolissant les cinq ponts enjambant la Dives, quelques kilomètres plus à l'est. Bien que de nombreux planeurs s'égarent ou s'écrasent dans l'obscurité, les survivants surprennent les défenseurs allemands, parfois en écrasant leurs planeurs au pied de l'ouvrage. Ils s'emparent de tous les ponts et se retranchent autour de Ranville.

A l'autre bout de la zone de débarquement, les 82e et 101e divisions aéroportées américaines doivent s'assurer des chaussées qui traversent la vallée inondée de la Douves entre les plages et l'intérieur. Ceci doit permettre aux forces de débarquement de faire rapidement mouvement vers Cherbourg, dont les bassins profonds sont essentiels au bon déroulement de l'invasion. Bien que leurs avions soient éparpillés par le brouillard et par le tir de la DCA allemande, elles parviennent à prendre le village de Sainte-Mère-Église. Elles y tuent même le général allemand en charge du secteur, qui s'était déplacé pour voir ce qui se passait.

Opération aéroportée le 6 juin au matin. © DITE

Lâcher de parachutistes à l'aube du 6 juin.
© Hulton-Deutsch Collection/Corbis

Ci-dessus, en haut, Un planeur encastré dans un mur à Sainte-Mère-Eglise.
© DITE

Ci-dessus et ci-contre, Atterrissages et parachutages furent mortels pour nombre de soldats.
© US Army/Mémorial de Caen

La bataille des plages

Embarcation de débarquement s'approchant d'Omaha Beach. © US Army/Mémorial de Caen

A l'aube, cinq divisions alliées débarquent sur 80 kilomètres de plage allant des environs de Caen à la base de la péninsule du Cotentin. Les cinq plages ont reçu pour nom de code *Sword* (la plus à l'est), *Juno*, *Gold*, *Omaha* et, à l'extrémité ouest, *Utah*.

Le débarquement le plus facile a lieu à *Utah*, une des deux plages confiées aux Américains. Malgré le courant qui fait dériver les troupes de plus de 2000 m au sud de l'objectif, les unités ne rencontrent qu'une résistance sporadique et parviennent rapidement à quitter les plages. Les éléments de pointe établissent le contact avec les parachutistes de Sainte-Mère-Église avant la fin de la journée. Sur un total de 23 000 hommes, les unités débarquées à *Utah* n'ont à déplorer que 197 tués le premier jour, soit moins que ceux perdus lors d'un entraînement en avril, durant lequel des barges de débarquement avaient été coulées par un patrouilleur allemand en maraude.

A l'autre extrémité, les forces britanniques débarquent avec succès sur *Sword Beach*, près de Caen. Certaines unités établissent rapidement le contact avec les parachutistes postés le long de l'Orne et du canal de Caen près de Ranville. D'autres unités britanniques débarquent avec succès sur *Gold Beach* et font marche vers Bayeux. Les forces canadiennes débarquent à *Juno Beach*, près de Courseulles-sur-Mer.

Les débarquements britannique et canadien se déroulent bien. Le sable est ferme et plat, et la résistance des Allemands, sérieusement ébranlés par le bombardement naval et aérien, est au début sporadique. Les troupes anglo-canadiennes sont soutenues par de l'artillerie et par des chars spécialement adaptés par le très excentrique général Sir Percy Hobart pour détruire les obstacles des plages, les mines et les fortifications. La 3e division d'infanterie canadienne pénètre plus profondément qu'aucune autre unité alliée le premier jour, sur près de huit kilomètres. A la fin de la journée, elle est en vue de son objectif principal : l'aérodrome de Carpiquet, à l'ouest de Caen.

Le débarquement sur *Omaha Beach*, la deuxième plage « américaine », située entre Vierville et Colleville-sur-Mer, menace de

Ci-contre, LCV/P (*Landing Craft Vehicule, Personal*), une embarcation de débarquement transportant à la fois des véhicules et des troupes © NARA/Mémorial de Caen

1
USCG 1

virer au désastre pour les Alliés. La configuration de la plage, bordée à chaque extrémité par des promontoires et surmontée sur toute sa longueur par une falaise, donne l'avantage aux défenseurs. Le bombardement aérien, gêné par le brouillard matinal, frappe à l'intérieur des terres, laissant les défenses côtières intactes. Le bombardement naval, qui doit, par son tir direct, détruire l'artillerie côtière, manque de nombreuses fortifications allemandes. Le secteur est en outre mieux défendu que prévu, une nouvelle division allemande (la 352e division d'infanterie) stationne depuis peu sur la côte. La mer, encore violente, submerge certaines des barges, entraînant la perte de 22 chars amphibies sur 29, et de toutes les pièces de 105 mm. Aussi les troupes débarquées ne disposent-elles pas de l'appui en blindés et en artillerie qu'elles devraient avoir. Ce manque de blindés est encore aggravé par le refus du général Omar Bradley, commandant des forces amphibies américaines, d'utiliser les chars «*funnies*» du général Hobart.

Pris sous le feu des Allemands, ne disposant pas de l'armement adéquat et empêtrés par les épaves qui s'empilent sur la plage, les soldats américains des 1re et 29e divisions d'infanterie débarquées à *Omaha Beach*, dont un bon nombre reçoivent leur baptême du feu, rampent derrière les obstacles installés par Rommel et les véhicules détruits ou demeurent paralysés derrière la digue. L'enchevêtrement des épaves sur le rivage rend difficile l'approche des nouvelles vagues de troupes, de blindés et de ravitaillement. Comme Eisenhower devait le rappeler vingt ans plus tard, «tout ce qui était susceptible de rater a raté». Vers midi, la situation semble si catastrophique que Bradley envisage de détourner les renforts sur *Gold Beach*, mais on ne dispose d'aucun moyen pour réembarquer les soldats.

Finalement, une poignée d'officiers subalternes et de sous-officiers décident de ne pas se laisser piéger sur la plage. La légende veut que ce soit le colonel George Taylor du 16e régiment d'infanterie qui ait lancé à ses hommes : «Il y a deux types d'hommes sur cette plage. Ceux qui sont morts et ceux qui vont mourir. Tirons-nous d'ici!» Grimpant sur la digue et escaladant la falaise sous un feu nourri, ils se frayent un chemin à travers les défenses allemandes. D'autres soldats les suivent et quittent les plages. A la fin de la matinée, des initiatives locales de cette sorte permettent aux forces américaines de prendre pied à l'intérieur des terres. La situation est rétablie, mais au prix de 2000 tués sur les 55000 engagés.

New York Times, 6 juin 1964.

Arrivée de petites embarcations d'assaut. © The Mariner's Museum/Corbis

Ci-contre, L'attente ultime avant le débarquement sur une plage du Cotentin. © Mémorial de Caen

Ci-dessous, L'étrave de l'embarcation s'ouvre comme une porte : les hommes vont s'élancer. © US Army/ Mémorial de Caen

Ci-dessus, le 1er bataillon du 16e RI américain tente de prendre pied à *Omaha Beach.* © US National Archives/Mémorial Caen

Ci-dessus, Soldats américains arrivés jusqu'à la plage dans leur canot de sauvetage et récupérés par leurs compagnons après que leur embarcation a été coulée, submergée par une lame ou touchée par un tir allemand. © Keystone

Ci-contre, page de droite, Soldats britanniques tentant de fuir la plage meurtrière. © Mémorial de Caen

Ci-dessus, Américains débarqués s'allégeant de leur matériel. © IWM

Ci-dessus, Dans ce secteur de *Sword Beach*, le débarquement des troupes et de chars s'est fait sans encombre. © J.P. Benamou/Mémorial de Caen

Ci-dessus, Survivants et blessés à *Omaha Beach.* © IWM

Ci-dessus, Le service médical américain fut particulièrement efficace. © Keystone

Ci-contre, Victimes allemandes et américaines attendant d'être inhumées, après le débarquement sur *Omaha Beach.* © NARA/Mémorial de Caen

Ci-contre, 6 juin.
Arrivée de LCT
(*Landing Craft Tank*),
transports de chars et
de véhicules, et de LCA
(*Landing Craft Assaut*).
© IWM

Ci-dessous, 7 juin. Des troupes américaines
débarquent de *landing craft*
et de DUKWs (ou « canards », véhicules
polyvalents amphibies) sur *Omaha Beach.*
© NARA/Mémorial de Caen

Ci-dessus, 7 juin, *Omaha Beach.* Les hommes de la Military Police arrivent à leur tour. © J.P. Benamou/Mémorial de Caen

Ci-dessous, Ravitaillement par *Rhinoferries* (RHF), barges plates en forme de pontons flottants mobiles © J.P. Benamou/Mémorial de Caen

La surprise des Allemands

Ci-dessus, batterie d'artillerie allemande chargée de la défense rapproché du rivage normand. © Bundesarchiv

Les Allemands attendaient l'« invasion » : c'était leur mot pour le débarquement, comme si l'Europe occidentale leur appartenait. Quand il survint dans la nuit du 5 au 6 juin, quelle surprise ! En mai, ils avaient scruté en vain l'horizon et comme la période favorable suivante n'était pas prévue avant la fin du mois, leur vigilance se relâcha. Au début de juin, de surcroît, le mauvais temps semblait s'installer. L'état d'alarme qui avait été quasi permanent pendant des semaines fut levé. Dans son rapport hebdomadaire du 5 juin, Rundstedt écrivait que rien ne permettait de conclure à une attaque imminente.

D'où l'absence de tant de responsables : le chef de la marine, Dönitz, parti en vacances ; Rommel rentré chez lui pour fêter l'anniversaire de sa femme et rendre visite à Hitler, à qui il voulait demander des renforts blindés près du rivage ; les commandants des divisions de la 7e armée, celle de Normandie, réunis à Rennes pour un *Kriegsspiel* (exercice en forme de « jeu de guerre ») soudain interrompu par la véritable « invasion » ; et d'autres encore, comme le commandant de la 21e Panzerdivision, partis à Paris faire la fête. Hitler, suspectant la main de l'Intelligence Service, demanda une enquête. Il allait s'irriter de la radio anglaise qui faisait des gorges chaudes sur les défenseurs allemands se ruant en caleçon à leur poste de combat.

Les indications d'un débarquement imminent s'étaient multipliées le 5 juin au soir. Les écoutes allemandes notèrent la diffusion de la seconde partie de la première strophe du poème de Verlaine, « Chanson d'automne », après avoir entendu, le 1er et le 3 juin, la première partie de cette même strophe. Les services de renseignements allemands, qui avaient pénétré des organisations de la Résistance française, connaissaient la signification de ce code, lequel ne disait évidemment rien sur le lieu du débarquement (il mettait en alerte les résistants de l'Indre). Mais seule la 15e armée, dans le Pas-de-Calais, fut placée en état d'alerte maximale.

Le long du rivage normand, la surprise fut entière, facilitant la tâche des Alliés. A partir de minuit, les nouvelles des parachutages, des bombardements et bientôt des premiers débarquements affluèrent au QG de Rundstedt. Mais, à Berchtesgaden, Hitler dormait. La veille, il avait appris la chute de Rome et il était allé se coucher, à son habitude, tard dans la nuit, avec un somnifère. Personne n'osa le réveiller.

Les premières réactions des responsables allemands à l'Ouest furent hésitantes. Il fallait trier les informations qui parvenaient, nombreuses et confuses, mesurer l'ampleur de l'opération ennemie, l'étendue du front, l'importance des moyens engagés. Cela fait, la question principale n'avait toujours pas de réponse et continua à se poser pendant des semaines : diversion ou non ? Dans l'immédiat, Rundstedt sollicita du haut commandement l'autorisation d'engager une partie des formations blindées pour rejeter l'ennemi à mer. Elle lui fut donnée à 14h30, après plus d'une demi-journée, quand Hitler eut fait le point.

Comme Rundstedt, il pensait que l'attaque principale était encore à venir. Il avait eu raison, dit-il à Goebbels, l'ennemi avait débarqué là où il l'attendait. L'autre attaque porterait sur le Pas-de-Calais ; il convenait donc de ménager les réserves et à plus forte raison de ne pas dégarnir ce front. Ce même jour, il donna

Ci-contre, Station radar allemande.
© ECPA-D

Ci-dessous, en bas, Les batteries côtières de la Wehrmacht furent parfois difficiles à neutraliser. © ECPA-D

Ci-dessous, Système d'écoute allemand sur la côte normande.
© ECPA-D

l'ordre de lancer les V1 contre Londres – la première mise à feu eut lieu le 12. Depuis février, il avait dû souffrir une suite de reports le frustrant des tirs qu'il avait espéré diriger contre les concentrations de troupes alliées en Angleterre. Il était impatient de prendre sa revanche.

La plupart des formations blindées envoyées en renfort avaient plus de 100 km à parcourir, ce qui prendrait du temps. La seule division stationnée en Normandie, la 21e Panzerdivision, avait reçu dès le matin du 6 juin l'ordre de contrer l'avance britannique. Mais il fallut plusieurs heures pour que ses unités, dispersées autour de Caen, soient regroupées. Mise en branle, elle réussit tout de même à empêcher Montgomery de prendre la ville, comme il était prévu. Des éléments de cette division poussèrent même jusqu'au rivage entre *Sword Beach* et *Juno Beach*, mais sans pouvoir s'y maintenir.

Au soir du 6 juin, il était patent que le travail de Rommel avait été vain. Le Mur n'avait pas tenu, l'ennemi était installé sur le rivage, il avait même, c'était le cas des Américains, avancé de quelques kilomètres. Les jours suivants allaient montrer que les Allemands n'étaient pas davantage capables de rejeter les assaillants à la mer ou même de les empêcher de relier les têtes de pont les unes aux autres. Les renforts blindés eurent la plus grande peine à gagner le théâtre des opérations en raison des violentes attaques aériennes qu'ils eurent à subir. Une fois sur place, ils furent soumis aux tirs dévastateurs de l'artillerie navale guidée par des avions de reconnaissance, des tirs qui allaient jusqu'à 30 km à l'intérieur des terres. Ils furent bientôt réduits à épauler les divisions d'infanterie, les plus proches des côtes ayant été violemment désarticulées et cherchant tant bien que mal, après avoir essuyé de lourdes pertes, à se reformer.

Les Alliés avaient eu le plein bénéfice de la surprise, qu'il s'agisse du lieu ou du moment. Autre atout crucial : troupes et matériel arrivaient rapidement grâce aux ports artificiels. Et surtout, ils possédaient une nette supériorité. Du milieu des troupes allemandes qui cherchaient à se mettre à couvert, un cri s'élevait, qui allait retentir pendant des semaines : « Où est notre aviation ? » Très inférieure en nombre, la *Luftwaffe* dut tôt reconnaître qu'elle était hors d'état d'intervenir de jour. Elle allait se borner à larguer des mines de nuit à basse altitude, ralentissant jusqu'à la fin de juin le rythme du débarquement allié. De même, les unités de la flotte allemande présentes dans la région s'avérèrent impuissantes contre la flotte alliée. La plupart d'entre elles furent détruites dans leurs ports d'attache ou en route vers le lieu du débarquement.

Loin de la Normandie, la population allemande scrutait anxieusement les nouvelles qui lui parvenaient de ce nouveau front dont elle ne se formait d'abord qu'une image confuse. Goebbels avait ironisé pendant des mois sur l'« invasionnite » qui avait saisi l'Angleterre. Il avait dénoncé bruyamment un débarquement qui servait avant tout les intérêts de Moscou. A en croire les rapports de police, la première réaction de l'opinion fut la satisfaction. C'en était fini d'une longue attente, on pouvait espérer une bataille rapidement victorieuse qui compenserait, d'un coup, les frustrations de deux années de lente et sanglante usure à l'Est et déboucherait peut-être sur la fin de la guerre. Les Allemands allaient progressivement découvrir, comme leurs chefs militaires, que le jour J n'était pas un nouveau Dieppe en plus grand.

Dieter Ose, *Entscheidung im Westen 1944. Der Oberbefehlshaber West und die Abwehr der alliierten Invasion*, Stuttgart, Deutsche Verlags-Anstalt, 1982.

Pery Ernst Schramm (ed.), *Kriegstagebuch des Oberkommandos der Wehrmacht*, vol. IV, Francfort sur le Main, Bernard & Graefe Verlag, 1961.

Ci-contre,
En Normandie, bunker camouflé en villa © ECPA-D

Ci-contre, Sentinelle allemande devant un bunker dans le Pas-de-Calais.
© ECPA-D

Ci-contre, Bunker avec canon tourelle en Normandie.
© ECPA-D

Les résistants tiennent leurs promesses

Ci-dessus, Un des nombreux sabotages réussis du « plan vert ». © DITE

Depuis 1943, les résistants affirmaient pouvoir mettre en application des plans d'ordre militaire élaborés en concertation avec la France Libre et les Alliés. Le plan vert organisait la paralysie des voies ferrées ; le violet celle des lignes à grande distance ; le bleu la coupure des lignes électrifiées ; le plan « tortue » ou « bibendum » devait entraver les déplacements routiers de la Wehrmacht. L'ensemble visait à retarder l'arrivée de renforts allemands sur les lieux du débarquement, au minimum pendant les deux jours indispensables au succès de l'opération *Overlord.* Le 1er et le 2 juin, la BBC avait adressé à quatre reprises 160 « messages personnels valant instruction d'alerte » aux Mouvements et réseaux français ou dépendants des Britanniques, sur tout le territoire.

Mais à la stupéfaction de Koenig, délégué militaire du CFLN en Grande-Bretagne et nommé commandant suprême des FFI, ces messages ne s'en tenaient pas aux sabotages convenus, mais prescrivaient une action tous azimuts, non programmée – du moins à ce stade de l'opération. Excluant – il est vrai – l'insurrection générale, ils appelaient à l'action armée immédiate, ce qui était contraire au dernier plan du CFLN. L'initiative de cette variante avait été prise par un des services secrets anglais, le SOE, et immédiatement approuvée par Eisenhower : puisque tous les moyens devaient être mis en œuvre, cette multitude d'actions militaires déclenchées un peu partout en France pendant ces premiers jours cruciaux maintiendrait les Allemands dans une plus grande incertitude quant au lieu du débarquement. Le 5 juin, à partir de 21h15, quelque 210 messages envoyés sur les ondes anglaises incitaient à passer sans délai à l'action.

Il n'est pas certain que de Gaulle, mis au courant le 5, ait perçu les conséquences de cette mobilisation générale : le 6, son message radiodiffusé affirmant que « pour les fils de France [...] le devoir simple et sacré est de combattre par tous les moyens [...] il s'agit de détruire l'ennemi », ne contenait aucune mise en garde. Si, pour répondre aux attentes des résistants, il assurait : « cette bataille, la France va la mener avec fureur », il ajoutait avec quelque ambivalence : « elle va la mener en bon ordre ». Le « bon ordre », c'était, selon lui, d'obéir aux consignes des responsables français, données bien sûr en liaison avec les Alliés, conformément à la directive arrêtée le 18 mai à Alger. Mais cette double incitation au déchaînement de la fureur et à l'ordre supposait que l'avancée des forces alliées serait assez rapide pour appuyer l'action des Forces Françaises de l'Intérieur.

Les résistants réalisèrent les objectifs programmés. Dans les 24 heures qui suivirent le jour J, 486 coupures de voies ferrées provoquèrent 180 déraillements. Les embouteillages autour de Lille livrèrent les convois allemands aux bombardements de la RAF. La 11e division blindée, ramenée de Russie à Strasbourg en 8 jours, en mit 23 pour atteindre Caen. Des éléments de la 275e division basée dans le sud du Morbihan, partis de Rennes par voie ferrée, mirent une semaine pour atteindre Saint-Lô, à 250 kilomètres, en finissant à pied. Alors que les Allemands se trouvaient contraints d'emprunter les routes, celles-ci devenaient de moins en moins sûres, coupées par exemple en 950 points pour la seule journée du 6. Les commentateurs de toutes nationalités reconnaissent l'importance stratégique de ces entraves.

Or les officiers supérieurs de la Wehrmacht – qui s'étaient déjà efforcés d'éliminer la Résistance avant le commencement des combats décisifs en France – étaient encore plus décidés à maintenir par tous les moyens leurs lignes de communication. Pour en finir avec les maquis et terroriser les habitants supposés complices, le général Blaskowitz, responsables des forces allemandes dans la France du Sud, disposait de trois divisions blindées appuyées par deux divisions d'infanterie. Si le nom de la division *Das Reich* est resté dans les mémoires à cause, notamment, d'Oradour et de Tulle, alors qu'elle ne partit pour la Normandie que le 9, la conduite des opérations obéissait aux mêmes principes de terreur : les « bandits » et les « terroristes », considérés comme des francs-tireurs, devaient être abattus, voire pendus publiquement, au nombre de trois « maquis » pour un soldat allemand blessé, dix pour un tué, tandis que les civils ordinaires seraient pris en otages. Comme l'écrit l'historien allemand Eberhard Jäckel, c'est immédiatement après le débarquement en Normandie que la répression atteignit son point culminant « par des actes de violence terribles qui ensuite ne se répétèrent plus en des proportions semblables ». C'est à cette brutalité déterminée et programmée que se trouvaient exposés des résistants que les « messages d'action » incitaient à se découvrir.

Jean Delmas, « Conceptions et préparation de l'insurrection nationale », in *La Libération de la France*, éd. du CNRS, 1976.

Jean-Louis Crémieux-Brilhac, *La France Libre*, Gallimard, 1996.

Ci-dessous, Juillet 1944.
Les Allemands finissent par remettre en état une ligne sabotée. © Roger-Viollet

La *Wehrmacht* s'accroche

Ci-dessus, Char allemand camouflé, mais toujours redoutable. © ECPA-D

Après une semaine, les Allemands avaient perdu la bataille des plages. A défaut de rejeter les assaillants à la mer, ce qu'ils ne désespéraient pas de faire, ils s'efforcèrent de les empêcher d'avancer. Leur résistance mit effectivement les Anglo-Saxons en retard sur leur planification. Le débarquement se transformait en demi-succès. Allait-on assister à une répétition de l'expérience italienne ?

Les Allemands se battaient énergiquement. Ils faisaient de leur mieux face à une situation difficile, dont ils étaient pour partie responsables. L'attente d'un second débarquement dans le Pas-de-Calais retint Hitler jusqu'à la mi-juillet d'en retirer des troupes qui lui auraient été fort utiles. Et elle l'encouragea à concentrer ses forces sur le côté oriental du front, autour de Caen, qui devint le pivot de la bataille de Normandie. Une percée en direction de Paris permettrait à l'ennemi de faire jonction avec des troupes débarquant dans le Pas-de-Calais. En conséquence, la partie occidentale du front se trouva fragilisée, ce qui allait permettre la percée américaine vers Cherbourg d'abord, puis vers Avranches.

En même temps, la situation stratégique globale empirait. En Italie, les troupes alliées étaient passées à l'offensive depuis mai et faisaient refluer l'armée allemande sur les Apennins. Le 22 juin, les Soviétiques lancèrent l'offensive promise par Staline à Téhéran et enfoncèrent le centre du front allemand. Leur avance rapide offrait un pénible contraste avec le piétinement anglo-saxon à l'Ouest. En France même, la perspective d'un autre débarquement, dans le Midi, se profilait plus nettement. Tout cela limitait la possibilité de dépêcher des renforts vers la Normandie, même de zones proches comme le Midi et le Sud-Ouest.

Le déplacement de ces renforts était rendu difficile, de toute façon, par l'aviation ennemie qui détruisait systématiquement les ponts, les routes et les voies ferrées. Une division envoyée de Hollande mit 14 jours pour arriver à Caen, après avoir dû passer par l'Allemagne. Deux semaines après le débarquement, la 7e armée allemande n'avait reçu le renfort que de 5 divisions, alors que 17 avaient été prévues par le plan de mobilisation. La maîtrise alliée des airs ne laissait que les courtes nuits d'été pour acheminer le ravitaillement, réorganiser les troupes et les disposer en ordre de bataille.

Ayant rapidement perdu la course au renforcement, les Allemands devaient subir les pressions que leurs adversaires, qui pouvaient au surplus déchiffrer leurs communications radio, étaient en mesure d'exercer en plusieurs endroits du front. Il leur était difficile, du coup, de dégager des réserves, notamment blindées, pour des contre-attaques, lesquelles n'avaient de toute façon de chance de succès que quand le temps était mauvais, gênant l'aviation ennemie ou le ravitaillement naval, comme il arriva lors des tempêtes de la mi-juin.

En dépit de ces handicaps majeurs, les troupes allemandes réussirent à bloquer l'avance ennemie pendant des semaines. En juin, elles menèrent une défense offensive, s'efforçant de couper en deux la ligne de front et de séparer les Alliés, sans parvenir à empêcher la percée américaine vers le Cotentin et la prise de

Ci-dessus,
Patrouille allemande en embuscade.
© ECPA-D

Ci-contre,
Parachutistes anglais faits prisonniers et interrogés par un officier allemand.
© ECPA-D

Cherbourg. En juillet, elles livrèrent, le long d'une ligne de front relativement stable, une guerre d'usure qui prenait des allures de bataille de la Marne. Réduits à une défensive qui consumait immédiatement les renforts arrivant au compte-gouttes et les empêchait de constituer une force mobile pour parer à une éventuelle percée alliée, elles rendaient du moins coûteuses à l'ennemi ses attaques.

A l'Ouest, elles mettaient à profit le bocage et leur art du camouflage. L'efficacité de l'artillerie et des mortiers contre des tanks enjambant des haies ou des fossés obligeait l'ennemi à préparer chaque avancée par un violent pilonnage et à utiliser abondamment bulldozers et lance-flammes. A l'Est, elles se battaient pied à pied dans chaque agglomération, notamment à Caen qu'elles perdirent à la mi-juillet, après l'avoir transformée en un petit Stalingrad normand.

Dans ces combats, les soldats allemands faisaient preuve d'une grande capacité à reconstituer, souvent à l'initiative d'un vétéran du front de l'Est, les unités disloquées et à improviser une ligne de défense, voire à monter une contre-attaque. Les troupes SS, comme la division *Hitler-Jugend*, composée de jeunes gens de 17 à 18 ans, se distinguaient en particulier par leur ténacité. Mais tous souffraient des bombardements et de l'usage incroyablement dispendieux que faisait l'ennemi de son artillerie.

Pendant ce temps, dans le haut commandement, les tensions grippaient les rapports entre les responsables militaires à l'Ouest et Hitler. Les premiers se montraient de plus en plus sceptiques sur la possibilité de contenir longtemps l'assaut ennemi en restant sur des positions statiques. Le front finirait par craquer, ce n'était qu'une question de temps. Le 17 juin, Hitler reçut Rundstedt et Rommel à Margival, près de Soissons, dans un QG construit au moment où il projetait d'envahir l'Angleterre et qui servait à présent à faire le point sur le débarquement ennemi.

Hitler refusa la proposition de ses deux maréchaux d'abandonner le Midi et le Sud-Ouest et d'opérer un repli partiel vers une nouvelle ligne de défense autour de Paris ou sur la Somme. Il n'était pas question de reculer, il fallait tenir les positions et user l'adversaire. Si le front de Normandie résistait jusqu'à l'automne, le retour du mauvais temps rendrait la tâche des Anglo-Saxons bien plus difficile. Dans l'intervalle, les armes secrètes auraient produit leur effet. Rommel en profita pour demander que les V1 soient utilisés en Normandie. A quoi Hitler répondit que cela n'était pas possible en raison de l'imprécision du tir, la marge d'erreur étant de 15 à 18 km. Quelques heures plus tard, un V1 défectueux s'écrasa près de Margival. Hitler repartit en hâte pour Berchtesgaden.

Rundstedt revenant à la charge au début de juillet – il demandait l'autorisation de se retirer de Caen –, Hitler résolut de le remplacer (à une question du chef d'état-major des forces armées qui demandait à Rundstedt quelle alternative il voyait à la défense du front de Normandie, celui-ci aurait répondu : « terminer cette guerre, espèce d'idiots »). Son remplaçant était von Kluge, un maréchal dont l'expérience de combat avait été principalement le front de l'Est et qui ne comprenait pas le scepticisme de ses collègues, alors qu'ils ne se battaient « que contre des Anglais ». Il allait rapidement perdre son arrogance en se rendant sur le front en compagnie de Rommel, qui allait être grièvement blessé à la mi-juillet dans un accident de voiture provoqué par une attaque aérienne, et en faisant, *de visu*, l'expérience de l'énorme supériorité matérielle de l'ennemi.

Hitler avait été irrité par l'attitude des hauts responsables du front occidental. Le 20 juillet lui fit voir cette attitude sous une lumière sinistre. Ce jour-là, un attentat à la bombe, commis par un officier d'état-major, Stauffenberg, manquait de le tuer dans son QG de Prusse orientale. Décidément, les débarquements ne valaient rien aux dictateurs. Après Mussolini un an plus tôt, qui devait d'ailleurs arriver en visite ce même jour, voilà que le Führer avait failli être éliminé. Comme par un fait exprès, le coup d'Etat qui s'enclencha sur l'attentat raté trouva son plus solide point d'appui à Paris, auprès du commandant militaire en France, Stülpnagel, qui fit emprisonner les responsables locaux de la SS et de l'Ambassade d'Allemagne. En annulant ces mesures, von Kluge donna le coup de grâce à une entreprise déjà mise à mal à Berlin. Mais on conçoit que Hitler ait flairé la trahison derrière l'attitude de ses maréchaux de l'Ouest. S'il fut rassuré sur Rundstedt, sceptique mais obéissant, il se détourna, sans fondement sérieux, de Rommel qui inclinait, certes, vers l'idée d'une paix séparée avec l'Ouest, mais n'avait pas été mêlé au projet d'attentat et n'en approuvait certainement pas l'idée. A l'automne, placé devant le choix de se suicider ou de comparaître devant un tribunal, il préféra la première option.

A la fin de juillet, la guerre de position fit place à la guerre de mouvement. Une fois encore, la percée eut lieu sur la partie occidentale du front. Après des semaines de combats dans le bocage, Saint-Lô était pris et les troupes américaines fonçaient vers Avranches. Une fois l'ennemi en terrain libre, les Allemands se trouvèrent handicapés par leur faible motorisation. Une tentative de contre-attaque lancée au début de juillet (opération *Lüttich*) en direction de Mortain et de l'océan dut être arrêtée dès que le temps permit aux avions alliés d'intervenir. Hitler avait espéré, comme un joueur qui veut se refaire d'un coup heureux, couper en deux les Américains lancés en plein mouvement vers la Bretagne. Mais en dégarnissant le front de Caen, il avait ouvert une brèche dans laquelle les Britanniques s'engouffrèrent. Comme Patton virait vers l'Est et que les Britanniques descendaient vers Falaise, les troupes allemandes en retraite se trouvèrent menacées d'encerclement.

Ci-contre, page de droite,
On fait le point. © ECPA-D

L'ordre de repli donné tardivement par Hitler transforma la retraite en fuite dans le passage resté ouvert entre Argentan et Falaise. Du carnage sous le feu de l'aviation et de l'artillerie alliées, 100 000 soldats environ échappèrent, 40 000 autres furent faits prisonniers, 10 000 périrent.

Le 15 août, les Alliés débarquaient en Provence. Deux jours plus tard, Kluge était remplacé par Model et se suicidait, après avoir adressé à Hitler une lettre d'adieu lui demandant de mettre fin à la guerre.

David G. Chandler et James Lawton Collins, Jr. (dir.), *The D-Day Encyclopedia*, New York, Simon and Schuster, 1994.

John Keegan, *Six Armies in Normandy. From D-Day to the Liberation of Paris*, Londres, Pimlico, 1992.

Juin 1944. Anglais faits prisonniers dans le Cotentin. © ECPA-D

Ci-contre, page de droite, Les hommes de la *Wehrmacht* souffrirent en permanence de l'intensité des bombardements alliés © ECPA-D

6. La campagne de France

Le calvaire des cités normandes

Ci-dessus, Cadavres après un mitraillage dans Falaise. © ECPA-D

Depuis le début de l'année 1944, l'occupant avait accentué la répression dans les deux départements de la Manche et du Calvados, avec 634 arrestations, dont la déportation du préfet Faugère dans le premier, et 510 arrestations dans l'autre. La résistance se trouva à peu près décapitée et de surcroît le délégué militaire régional Valentin Abeille, trahi par sa secrétaire, fut assassiné le 31 mai. Les habitants étaient de plus en plus nombreux à être requis pour des travaux de défense, notamment pour planter à l'intérieur des terres les « asperges de Rommel », une multitude de poteaux de 4 à 5 mètres de hauteur, parfois piégés par des explosifs, contre les opérations aéroportées.

Cette pression ne semble pas avoir provoqué la crainte d'un danger supplémentaire. Sans doute dans la nuit du 5 au 6 juin, des tracts lancés sur les bourgades et les cités normandes annonçaient-ils l'attaque des centres de transport, des voies et moyens de communication, sommant les habitants de se disperser dans la campagne « pendant quelques jours » sans encombrer les routes et concluant : « Partez sur le champ! » Mais rares furent les Normands à prendre tout de suite au sérieux un avertissement qui venait après tant d'alertes aériennes.

Or, c'est entre le 6 et le 15 juin que la moitié des victimes civiles de la bataille de la Normandie périrent dans la Manche et le Calvados. Et le 6 juin fut le jour le plus meurtrier : 717 morts dans la Manche. Puis 220 pour la journée du 7, et 257 pour celle du 8, presque tous victimes de bombardements. Le 6, sous les décombres de Saint-Lô, quasiment rasé, gisaient 352 cadavres. Valognes perdait 205 personnes et Coutances, après deux raids, 261. Le même jour, Vire était quasiment anéanti, Falaise comme Argentan subissaient, également, des dégâts considérables.

Ces bombardements jetèrent sur les routes des survivants hébétés, formant, en un nouvel exode, de longs cortèges de bicyclettes, de charrettes, de brouettes. Certains purent se cacher : une partie des quelque 40 000 Caennais qui s'enfuirent dans la nuit du 7 au 8 juin d'une ville aux trois quarts sinistrée se réfugièrent dans les grottes de Mondeville ou dans des carrières. D'autres furent victimes de mitraillages ou de représailles exercées par des Allemands de plus en plus brutaux : dans la Manche, 93 civils furent tués sans motif, ou pour n'avoir pas voulu céder leur bicyclette, etc.

La bataille de Caen dura 73 jours. Au 6 juin au matin, ce ne fut d'abord pour les Caennais qu'une 1020e alerte et vers 7 heures quelques bombes firent relativement peu de dégâts. Mais à 13h30, un raid bref, très meurtrier, réduisit le centre à un amas de ruines fumantes. Après un troisième bombardement, dans l'après-midi, quelque 2 000 blessés et environ 15 000 personnes demeurées sur place s'entassèrent dans le seul quartier resté intact. Deux habitants, réussissant à traverser les lignes allemandes, en informèrent les Alliés qui évitèrent de le bombarder. Ce même 6 juin, la Gestapo ordonna l'exécution dans la maison d'arrêt de résistants récemment arrêtés : 80 à 90 d'entre eux furent fusillés par groupes de six. Le 18 juillet, Anglais et Canadiens prirent le contrôle de la majeure part de la ville, après un nouveau bombardement et un tir de barrage de quelque 24 000 obus. Caen devint alors la cible de l'artillerie allemande, le dernier obus tombant le 18 août. Au

Double page précédente, Dans le regard de cet Allemand on peut lire la détermination d'un soldat de la *Wehrmacht.* © Mémorial de Caen

Ci-dessus, À Falaise, les vivants et les morts. © ECPA-D

Ci-dessus, Les flammes dévastent Saint-Lô qui sera détruit à presque 80%. © ECPA-D

Ci-dessous, Quatre ans après l'Exode, femmes et enfants se retrouvent sur les routes normandes.© US Army/mémorial de Caen

total, on peut estimer que les bombardements firent dans cette ville près de 2000 victimes civiles.

Si le calvaire de Caen est resté symbolique, nombre d'autres cités normandes connurent un sort tragique. Le témoignage d'un habitant de Marigny, une bourgade située dans la Manche, entre Saint-Lô et Coutances, donne une idée de ce que fut, par exemple, le bombardement du 13 juin : « Vers neuf heures trente, après une journée agitée, mais sans que rien le fasse prévoir, subitement une vague de bombardiers s'abat sur le bourg ; en quelques secondes, des dizaines de bombes s'écrasent au sol dans un fracas épouvantable... Les bombardiers passent et repassent. Le centre du bourg est écrasé... Les gens atterrés s'enfuient en criant vers les champs... mais les bombardiers reviennent, vrombissent de plus belle, semant la mort, le feu, les blessures, la mort... Le bourg offre un impressionnant spectacle de ruines et de mort... »

Entre le 6 juin et la mi-août, quelque 3300 civils périrent dans la Manche, et environ 8000 dans le Calvados, pour la plupart victimes des bombes. Comme nous le verrons, la mémoire collective des Normands ne gomme pas le soulagement, voire la joie manifestée, au jour de la Libération, ni la chaleur de l'accueil réservé aux libérateurs par celles et ceux qui avaient survécu. Reste que pour eux le débarquement avait d'abord et surtout été un bombardement.

François Bédarida (dir.), *Normandie 44*, Albin Michel, 1987.

Jean Quellien, *Opinions et comportements politiques dans la Calvados sous l'occupation allemande*, Presses universitaires de Caen, 2001.

Non publiée : la thèse de Michel Boivin, *Les Manchois dans la tourmente de la guerre 1939-1945.*

Ci-dessous, Scènes de fuite à Pont-l'Abbé.
© Keystone

Ci-contre, page de droite, Saint-Lô en ruines.
© ND/Roger-Viollet

Des résistants à découvert

Ci-dessus, Un parachutage massif avait eu lieu dans le Vercors le jour de la fête nationale à nouveau célébrée. © Tallandier

L'appel des Alliés à l'action généralisée poussa, on l'a dit, nombre de résistants à se découvrir. L'annonce du débarquement attendu depuis 1943 leur offrait l'espoir d'une libération immédiate, de la reconquête d'une dignité perdue dans la débâcle de 1940. Des incitations supplémentaires à la mobilisation leur vinrent de deux côtés. D'abord l'appel, le 12 juin, du COMAC, l'instance militaire du CNR, qui estimait être l'organisateur de l'action en France et où l'emportaient les communistes décidés à déclencher des mouvements insurrectionnels. Il prônait l'intensification de la « guérilla », voire « partout où le rapport des forces le permet, la libération immédiate de portions du territoire ». De leur côté, les Gaulliens n'avaient pas abandonné, malgré les réserves anglo-saxonnes, le « plan caïman », qui, dans un dessein avant tout politique, prévoyait, après le débarquement de Provence, la mise en place, notamment dans le Massif central, d'une vaste région libérée par les seules forces françaises et contrôlée par le CFLN.

Des résistants avaient déjà procédé, ici et là, à des mobilisations partielles, préfigurant un style de guerre dirigée par des militaires mobilisant des civils : en Auvergne, dès le 20 mai, les hommes des maquis s'étaient portés vers le mont Mouchet, aux confins du Cantal et de la Lozère. Mais c'est bien le débarquement qui donna le signal décisif. En Savoie, en Saône-et-Loire, en Corrèze, dans le Jura, l'Ain, le Cantal, le Morbihan, la Dordogne, la Haute-Vienne, les forces d'occupation se trouvèrent dorénavant continûment harcelées. Dans le même temps, de nombreux volontaires affluaient vers des bases de combat. Les rescapés du mont Mouchet se portèrent vers le « réduit de la Truyère » ; dans le Morbihan, quelque 2000 « patriotes » convergèrent vers Saint-Marcel ; et le 9 juin le bouclage du Vercors se fit au nom du « plan Montagnard », approuvé en 1943 par le chef de l'armée secrète, Delestraint, et tenu depuis lors comme valide par Alger.

En cas d'affrontements directs, les troupes allemandes restaient redoutables pour des résistants dépourvus d'armement lourd. Sans doute, Churchill avait-il fini par admettre, le 27 janvier 1944, d'armer les maquis français, comme cela avait été fait pour les partisans yougoslaves, grecs et même italiens. Des parachutages massifs avaient équipé, contrairement à ce qui a été écrit, des dizaines de milliers d'hommes en armes légères, jusqu'à ce que les contraintes de la bataille de Normandie interrompent ces envois.

Le drame qui survint à Tulle, les 8 et 9 juin, témoigne des risques encourus partout. Jacques Chapoux, un enseignant révoqué, avait réussi en avril 1944, avec les FTP du Lot, à tenir libérée pendant trente heures la petite ville de Cajarc. A la tête des FTP de Corrèze, il jugea possible la libération de Tulle, au moment où, par exemple, Georges Guingouin estimait, lui, suicidaire de s'emparer de Limoges. Tulle fut libéré assez aisément le 8, mais les FTP l'évacuèrent à l'entrée inopinée d'une colonne de secours de la division *Das Reich*, décidée à exercer des représailles en excipant de la mort des soldats allemands. Au terme d'une négociation macabre, 99 civils furent pendus au long des rues et 149 déportés à Dachau, d'où 101 ne revinrent pas. La Wehrmacht entendait bien écraser toutes les « bandes » : le 11 juin, elle dispersait à nouveau les maquisards du mont Mouchet, le 15 elle s'emparait à nouveau de Saint-Nizier, qui commandait la porte d'accès au plateau du Vercors, le 18, elle détruisait la base de Saint-Marcel.

Koenig comprenant que le rapport des forces était par trop inégal, avait fait passer, dès le 10 juin, une directive explicite : « freiner au maximum activité guérilla » et « éviter gros rassemblements ». Il en précisait les raisons : « impossible vous ravitailler en armes et munitions en quantité suffisante ». Le 14, tout en soulignant que « la mission de toutes les forces de l'armée intérieure est de se battre », il préconisait une « guérilla insaisissable », genre de combat dont lui-même n'avait guère l'expérience. Et dans une situation que rendait encore plus mouvante le foisonnement d'initiatives et de particularismes, les conseils de prudence pesaient peu face à l'enthousiasme déclenché par les messages du 5 juin. Et ses consignes, difficilement transmises depuis Londres, étaient d'autant moins applicables que, sur le terrain, les résistants se trouvaient souvent déjà confrontés aux forces allemandes.

La confusion engendrée par cette mobilisation prématurée contraste avec le rigoureux *Blitzkrieg* diplomatique déclenché par de Gaulle à Bayeux.

Jean-Louis Crémieux-Brilhac, *La France Libre*, Gallimard, 1996.

Gilles Lévy et François Cordet, *A nous Auvergne*, Presses de la Cité, 1974.

Ci-dessus, La division *Das Reich* dans ses œuvres. Elle avait expérimenté les tueries en Ukraine.

Après quatre ans, le baptême politique de Charles de Gaulle

Ci-dessus, Photo célèbre : le « Connétable » en uniforme prend pied près de Courseulles-sur-Mer, sur la grève normande, quatre ans après avoir choisi de quitter la France pour la Grande-Bretagne.

De Gaulle avait dû déjouer les ultimes manœuvres de Churchill, qui, gagnant la Normandie sans l'en prévenir, prétendait l'interdire de France. C'est donc en chef du Gouvernement Provisoire de la République française (GPRF) que, pratiquement quatre ans après son départ vers la Grande-Bretagne, il foulait une portion libérée du sol français. Il lui importait d'obtenir pour lui-même et pour le GPRF une sorte de plébiscite qui lui permettrait d'installer, en prenant de vitesse les Alliés, une administration relevant du Gouvernement Provisoire. Tout dépendait donc largement de l'accueil qu'une population récemment écrasée sous un déluge de feu réserverait à cet exilé qui prétendait incarner la légitimité de la nation.

Le 14 juin, il s'embarquait sur *La Combattante,* un contre-torpilleur des Forces Navales de la France Libre, qui avait participé au jour J. Il n'emmenait que des collaborateurs, tous officiers de la France Libre, exerçant auprès de lui des fonctions militaires (Koenig, Béthouart, Billotte, d'Argenlieu) ou politiques (Palewski, Viénot, Hettier de Boislambert, Coulet). Chahutée par une forte houle, *La Combattante* mettait en panne à deux kilomètres de la côte; puis un chaland amphibie déposait les occupants vers 14 heures sur une plage étroite bordée de dunes, battue ce jour-là par des vents violents, entre Graye-sur-Mer et Courseulles, une bourgade du secteur *Juno* que les Canadiens du *Winnipeg Rifles* avaient brillamment conquise le 6 juin. Personne ne chercha à proférer la moindre parole historique.

Après avoir rencontré Montgomery à son QG, de Gaulle filait sur Bayeux, petite capitale du Bessin normand, libérée par les Anglais dès le 7 juin, mais restée intacte. La mission interalliée avait reçu de Churchill la consigne de veiller, tout en le traitant « avec la plus grande courtoisie », à ne lui laisser tenir aucune réunion publique et à interdire tout rassemblement dans la rue. Il pouvait à la rigueur « serrer quelques mains ».

De Gaulle ignora évidemment ces oukases : de la sous-préfecture, il remonta la grande rue au milieu d'une foule assez nombreuse, avant de gagner sur la place du château une petite estrade barrée de tricolore et ornée des drapeaux alliés. Maurice Schumann l'annonçait en reprenant la formule rituelle à la BBC : « Honneur et Patrie ! Voici le général de Gaulle. » Evitant l'émotion, le discours appelait au « combat ». Le terme, qui revenait avec insistance, soutenait les deux mensonges patriotiques qui devaient par la suite peser sur la mémoire gaullienne comme sur celle des années noires, en suggérant que tous les auditeurs n'avaient cessé de penser à s'engager et en particulier dans les rangs de la Résistance. Pour conclure, ayant souligné que la France entendait être traitée comme une alliée à part entière, l'orateur invitait à chanter avec lui « notre hymne national, *La Marseillaise* ». Puis il gagnait en jeep, à 30 km de là, Isigny, qui était, elle, une ville martyre détruite à 60 %, par douze heures de bombardement le 8 juin ; après un arrêt à Grandcamp, il regagnait *La Combattante* dans la soirée.

Devant l'Assemblée consultative, le héros de cette journée marquait une satisfaction compréhensible. Dix ans plus tard, dans ses *Mémoires*, il fit même de son arrivée à Bayeux une relation épique : « Au vu du général de Gaulle, une espèce de stupeur saisit les habitants qui éclatent en vivats ou bien fondent en larmes... » Pour François Coulet, qui en fut le témoin, « l'accueil fut sans réticence et plein d'enthousiasme chaleureux et sympathique, mais nullement délirant ». Et c'est sans doute dans les décombres d'Isigny qu'il fut le plus vibrant.

Etait-ce le plébiscite attendu ? On dira plutôt qu'au moment où son charisme n'agissait pas encore pleinement, de Gaulle avait honorablement passé l'examen. Sans doute la Corse, en octobre 1943, l'avait-elle fort bien reçu parmi ses libérateurs. Mais l'enjeu politique de l'entrée en Normandie était, à tous égards, plus important. Dans un département qui votait régulièrement à droite (et qui, pourtant, s'était montré fort peu pétainiste et guère plus maréchaliste), des Français adoptaient ce grand échalas qui leur parlait de combat et de victoire. Cette réussite augurait bien du second objectif politique que de Gaulle s'était fixé : affirmer que l'administration française relevait du Gouvernement Provisoire.

Jean-Louis Crémieux-Brilhac, *La France Libre*, Gallimard, 1996.

Jean Lacouture, *De Gaulle* 1. *Le Rebelle*, Le Seuil, 1984.

Ci-dessous, De Gaulle connut des bains de foule plus impressionnants, mais les femmes et les hommes d'Isigny lui réservèrent un accueil particulièrement chaleureux. © Coll. privée/Mémorial de Caen

Quelques arpents de terre normande ébranlent l'AMGOT

Lors de sa visite à Montgomery, à qui Eisenhower avait donné délégation en matière d'affaires civiles, de Gaulle lui avait négligemment indiqué qu'il laisserait sur place le commandant Coulet « pour s'occuper de la population ». L'accueil que lui avait réservé Bayeux lui permettait de mettre les Alliés anglo-saxons devant le fait accompli et d'imposer l'autorité des représentants du Gouvernement Provisoire.

L'entreprise réclamait un administrateur gaullien, aussi doué pour la diplomatie que pour le combat. Ce fut François Coulet, ancien secrétaire d'ambassade à Helsinki qui s'était immédiatement déclaré pour la France Libre, était devenu chef de cabinet de Charles de Gaulle en 1941, qui avait commandé l'infanterie parachutiste avant d'être en 1943 le secrétaire général de la préfecture d'Ajaccio, puis de rejoindre le commissariat à l'Intérieur; nommé le 12 juin « commissaire de la République pour les territoires libérés », ses talents s'exerçaient donc dans cette petite région du Bessin que les Alliés avaient placée sous la tutelle d'officiers des « affaires civiles » qui jusque-là avaient ménagé le sous-préfet vichyssois.

François Coulet avait bien compris que si les Normands avaient fait bon accueil à de Gaulle, ils réalisaient mal qu'ils avaient changé de régime. Aidé par une très petite équipe, il proclama par voie d'affiche sa prise de fonctions au nom du Gouvernement Provisoire, révoqua le sous-préfet pour le remplacer, sans la moindre passation officielle de pouvoir, par Raymond Triboulet, un propriétaire foncier, également licencié en lettres et en droit, seul membre présent sur place du Comité Départemental de Libération. Les deux hommes s'entendirent bien. Tenant la législation vichyssoise pour nulle et non avenue, et révoquant certains maires, ils surent aussi bien assurer le ravitaillement que juguler l'épuration extra-judiciaire.

Il fait peu de doute qu'en se ralliant franchement à de Gaulle puis en acceptant sans rechigner la tutelle de François Coulet, les populations locales contribuèrent à démontrer aux Alliés la légitimité de la démarche gaullienne. Du côté des Anglo-Saxons, deux groupes de pression contribuèrent ainsi à saboter la mise en œuvre de l'AMGOT. Les officiers supérieurs, impressionnés par les exploits français en Italie, convaincus par l'accueil de Bayeux et par ses suites, comprenaient de moins en moins que l'on boycotte diplomatiquement un gouvernement dont on utilisait l'appui militaire. Eisenhower prit sur lui d'assouplir les instructions de Roosevelt. Préoccupé par une multitude de problèmes stratégiques et tactiques, il allégeait ainsi discrètement sa charge et son second finissait par dire au général Béthouart : « Et si vous saviez comme on se f… de vos préfets et de vos maires ! »

Le Foreign Office, quant à lui, ouvrit des négociations officielles avec la France Libre dès le 15 juin. Rondement menées par Anthony Eden, quasiment imposées à Churchill, elles donnèrent presque entièrement satisfaction au Gouvernement Provisoire, affirmant sans ambiguïté la souveraineté française sur l'Hexagone, et la libérant de toute « supervision » d'Eisenhower. Les Français étaient dorénavant placés sur un pied d'égalité dans la conduite des opérations militaires. On renonçait à la funeste « monnaie complémentaire », celle que de Gaulle avait toujours considérée comme de la « fausse monnaie » : les Français, maîtres de l'émission de leur monnaie, s'engageaient seulement à fournir aux Alliés les sommes dont ils avaient besoin.

De Gaulle pouvait alors tenir son rang. A Rome, il rencontrait les chefs du corps expéditionnaire, prenait langue avec le nouveau gouvernement italien, saluait Pie XII, pourtant peu bienveillant à l'endroit de la France Libre. Puis, il acceptait enfin de se rendre aux Etats-Unis du 6 au 9 juillet, non en quémandeur mais pour rendre hommage au glorieux peuple américain. Reçu presque en chef d'Etat, il ne triompha pourtant pas de la défiance de Roosevelt et, bien conscient de n'avoir pas séduit l'Establishment, il confiait gaillardement à Pierre Mendès France : « J'ai été acclamé par les nègres, les juifs, les estropiés et les cocus » ! Du moins, l'Administration américaine, sans aller jusqu'à une reconnaissance officielle du Gouvernement Provisoire, reconnaissait-elle en lui « l'autorité *de facto* ayant qualité pour assurer la direction et la responsabilité des affaires civiles pendant la période de la Libération ».

Cinq semaines après le débarquement, de Gaulle, appuyé par Eisenhower et Eden, avait remporté, au plan diplomatique, une manche décisive.

François Coulet, *Vertu des temps difficiles*, Plon, 1967.

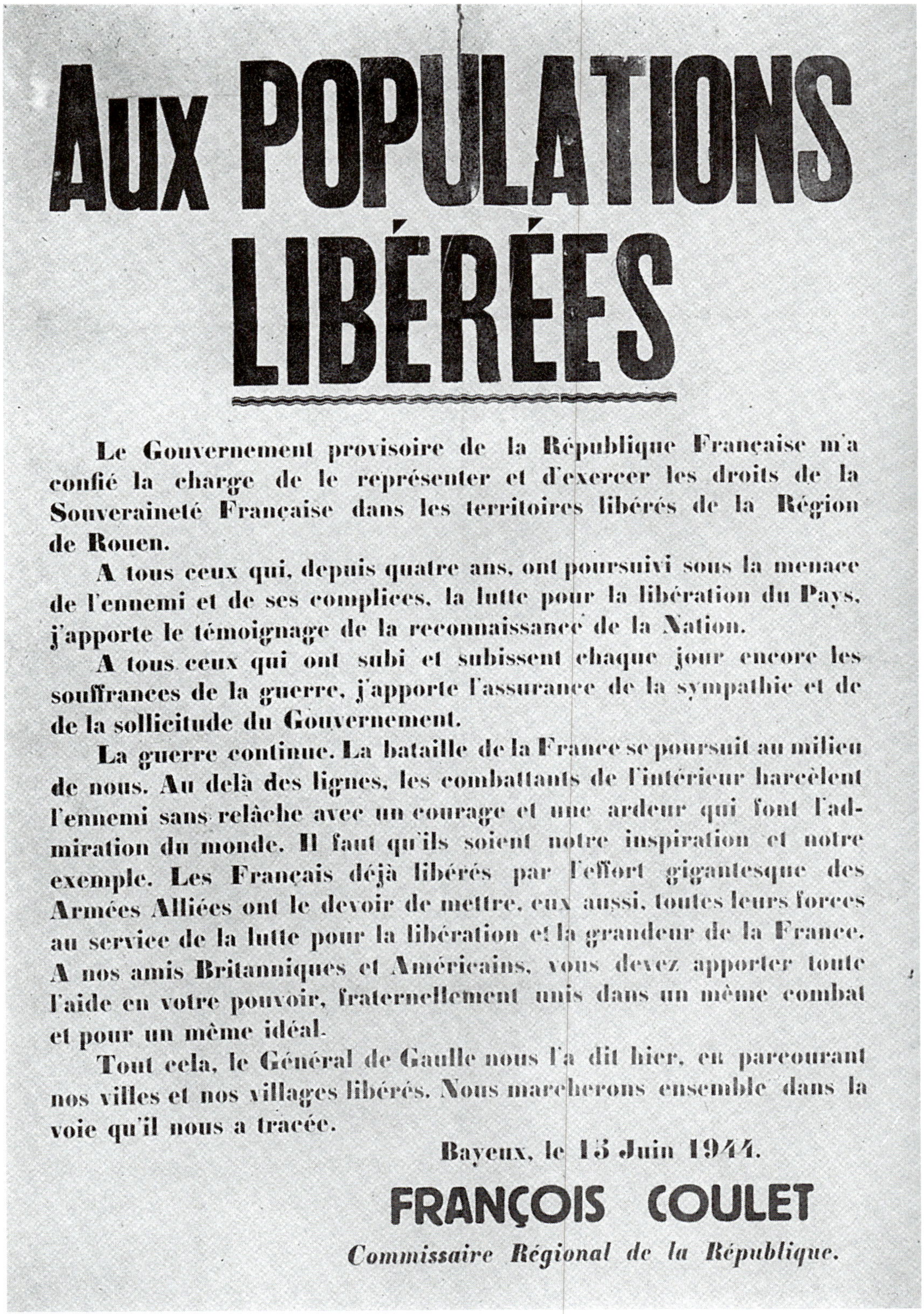

AUX POPULATIONS LIBÉRÉES

Le Gouvernement provisoire de la République Française m'a confié la charge de le représenter et d'exercer les droits de la Souveraineté Française dans les territoires libérés de la Région de Rouen.

A tous ceux qui, depuis quatre ans, ont poursuivi sous la menace de l'ennemi et de ses complices, la lutte pour la libération du Pays, j'apporte le témoignage de la reconnaissance de la Nation.

A tous ceux qui ont subi et subissent chaque jour encore les souffrances de la guerre, j'apporte l'assurance de la sympathie et de la sollicitude du Gouvernement.

La guerre continue. La bataille de la France se poursuit au milieu de nous. Au delà des lignes, les combattants de l'intérieur harcèlent l'ennemi sans relâche avec un courage et une ardeur qui font l'admiration du monde. Il faut qu'ils soient notre inspiration et notre exemple. Les Français déjà libérés par l'effort gigantesque des Armées Alliées ont le devoir de mettre, eux aussi, toutes leurs forces au service de la lutte pour la libération et la grandeur de la France. A nos amis Britanniques et Américains, vous devez apporter toute l'aide en votre pouvoir, fraternellement unis dans un même combat et pour un même idéal.

Tout cela, le Général de Gaulle nous l'a dit hier, en parcourant nos villes et nos villages libérés. Nous marcherons ensemble dans la voie qu'il nous a tracée.

Bayeux, le 15 Juin 1944.

FRANÇOIS COULET

Commissaire Régional de la République.

Ci-contre, Affiche du commissaire régional de la République, François Coulet. © Coll. part., DR

Vichy se désagrège

Ci-dessus, Pétain et Laval à Paris, le 26 avril 1944. © L'illustration/Sygma

Dès le mois d'avril, sous prétexte d'assurer sa sécurité, l'occupant obligeait Pétain à quitter Vichy pour le château de Voisins près de Rambouillet, puis celui de Lonzat dans l'Allier. Il le laissa cependant se rendre à Rouen, Nancy, Dijon… où, du moins en zone Nord, il fut applaudi par des maréchalistes fidèles et de surcroît sevrés de *Marseillaise*; les 26 et 27 avril, dans Paris bombardé, l'accueil fut chaleureux. Ce furent les ultimes satisfactions. A Vichy, Pierre Laval, contesté par les ultras qui le jugeaient trop mou et de plus en plus étroitement surveillé par l'occupant, se donnait tout juste l'impression de gouverner.

Le 6 juin, les deux hommes prônèrent la neutralité : « Nous ne sommes pas dans la guerre », martelait Laval; tandis que Pétain prévenait : « Français, n'aggravez pas nos malheurs par des actes qui risqueraient d'appeler sur vous de tragiques représailles. » Il réitérait l'avertissement le 14 juin, devant des anciens combattants : « Votre devoir est de garder une stricte neutralité. Je ne veux pas de guerre fratricide. »

Mais les ultras, vichyssois ou collaborationnistes parisiens, récusaient cette neutralité. Le 7 juin, Darnand, à la veille d'être promu ministre de l'Intérieur, « mobilise la Franc-Garde [armée] de la Milice française », car « la vie bourgeoise est révolue » et promet de châtier les « tièdes » et les « traîtres », ce qui provoque l'assassinat par la Milice de Jean Zay et Georges Mandel, deux anciens ministres, opposants déterminés à l'ordre nouveau. Les collaborationnistes parisiens voulaient eux aussi en découdre au nom d'une Europe fasciste, même si Berlin préférait les utiliser à l'Est. Doriot, mobilise le 8 juin ses troupes du PPF, le principal mouvement collaborationniste, pour soutenir « les forces légales de l'Etat français et les organismes de sécurité des armées européennes ». La Milice et des bandes de l'ultra-droite avaient déjà combattu aux côtés des forces répressives allemandes, par exemple en février, contre le maquis des Glières; dans l'été, cette collusion de fait devint presque systématique. Et s'il y eut en France risque de guerre civile, cette ultra-droite en porte une large responsabilité.

Or, Laval comme Pétain ont couvert ces exactions. Eux que l'on a volontiers présentés comme des ennemis étaient plutôt rivaux. Avec la détestation du communisme, ils partageaient l'obsession du maintien de l'ordre. Laval y voyait le seul moyen de se maintenir au pouvoir; quant à Pétain, ce trait fondamental de sa personnalité lui faisait déclarer dans son ultime message : « L'ordre doit régner, et parce que je le représente légitimement, je suis et je reste votre chef. »

In fine, on assista à un pas de trois plutôt dérisoire entre l'occupant, Laval et Pétain. Ce dernier, à condition que soit reconnue sa légitimité, se disait prêt à rencontrer des responsables américains, voire, en toute dernière extrémité, à rechercher un compromis avec de Gaulle. L'amiral Auphan fut envoyé en août à Paris muni d'instructions à cet effet, tandis que l'on sondait un responsable résistant. Laval, mal vu des Américains, imagina une combinaison typiquement lavalienne : convoquer l'Assemblée nationale, jamais réunie depuis 1940, sous la houlette d'un Edouard Herriot, sorti dans ce but de son lieu d'internement et amené à Paris, le 13 août. Mais Berlin mit bon ordre à ces manœuvres : après un semblant de résistance, Pétain fut « enlevé », le 20 août, de l'hôtel du Parc, à Vichy, pour être transféré à Belfort. Il y retrouvait Laval, qu'Herriot avait lanterné et que lâchait Hitler, et ils y étaient rejoints par les derniers militants collaborationnistes.

Dans une France cloisonnée, épuisée, et toute à son espoir de survivre à la Libération, le régime se délita à peu près dans l'indifférence. Les nouvelles autorités relevant du Gouvernement Provisoire gaullien s'imposèrent sans remous, comme se fit la destitution des préfets, ces pièces maîtresses de l'Etat français. Ils n'imitèrent sans doute pas tous l'ancien préfet du Cantal écrivant au Comité départemental de Libération aurillacois pour le remercier de sa courtoisie. Un certain nombre d'entre eux furent arrêtés (ainsi Fernand Carles dans le Nord), et même exécutés (le milicien qui avait été nommé préfet de Montpellier). Mais la plupart d'entre eux, sommés de céder rapidement leur place, restèrent libres, selon les vœux de Michel Debré, pour peu qu'ils se fussent contentés d'adopter un profil bas pour gérer leur département.

Bénédicte Vergez-Chaignon, *Le Docteur Ménétrel, éminence grise et confident du maréchal Pétain*, Perrin, 2001.

Philippe Buton, Jean-Marie Guillon, *Les Pouvoirs en France à la Libération*, Belin, 1994.

Ci-dessous, «Mobilisée» par Darnand, la Milice monta des expéditions impitoyables contre les résistants. © Tallandier

La bataille de Caen

Civils et soldats dégagent les ruines de Caen bombardé. © ECPA-D

Les Anglo-Canadiens doivent faire face à une résistance allemande acharnée. Les Allemands sont déterminés à tenir Caen et les deux divisions blindées disponibles en Normandie stationnent non loin. Avant la fin du 6 juin, la 21e Panzerdivision allemande est parvenue à atteindre la côte entre la plage anglaise de *Sword* et la plage canadienne de *Juno*, près de Douvres-la-Délivrande, avant d'être repoussée. Le jour suivant, la 12e division blindée SS contre-attaque autour de Carpiquet. Les Anglo-Canadiens ne parviennent à s'emparer de Caen et Carpiquet qu'après un mois de rudes combats.

L'échec devant Caen le premier jour a entraîné un débat houleux sur les capacités militaires respectives des Américains et des Anglo-Canadiens. Les historiens britanniques déplorent le manque d'expérience des Américains (Eisenhower y compris), ainsi que leur manque d'entraînement. Les historiens américains, à l'instar d'Eisenhower lui-même, tout en louant les actions anglo-canadiennes autour de Caen qui fixent le gros des forces blindées allemandes dans le secteur, fustigent l'extrême prudence de Montgomery. Les officiers de la RAF partagent l'avis d'Eisenhower. Ils désiraient que Montgomery prenne rapidement la plaine de Falaise afin d'y établir des aérodromes. Montgomery est montré du doigt pour avoir mis un mois à prendre Caen et pour les échecs des opérations *Goodwood* (18-20 juillet), et *Bluecoat* (28 juillet-2 août).

Montgomery a insisté sur le fait que le plan ne prévoyait pas la prise immédiate de Caen et une poussée rapide au-delà. Il a affirmé que la mission des Anglo-Canadiens était de clouer les divisions blindées allemandes dans le secteur de Caen pour permettre aux Américains de traverser la péninsule du Cotentin et de s'emparer du port vital de Cherbourg. Une fois cet objectif atteint, les Anglo-Canadiens devaient servir de pivot autour duquel les Américains pourraient descendre le long de la côte, à l'ouest de Saint-Lô, pour effectuer une percée : c'est exactement ce qui s'est produit. Après la guerre, la majorité des historiens britanniques se sont donc accordés avec Montgomery (Max Hastings étant une exception notable) pour affirmer que les Anglo-Canadiens avaient parfaitement rempli leur mission.

Pour la défense de Montgomery, il faut dire que le plan écrit ne mentionnait aucun objectif précis pour le premier jour. Il se limitait à ordonner aux Anglo-Canadiens de pénétrer le plus profondément possible dans les terres. Mais le 15 avril, Montgomery avait, en présence du Roi, imprudemment confié à un parterre de généraux qu'il entendait prendre Caen et commencer à « cogner » en direction de Falaise dès le premier jour. Or, les Anglo-Canadiens ne prirent Caen que le 18 juillet, après qu'un bombardement eut pratiquement détruit toute la ville.

De plus en plus irrité par ce débat, Montgomery finit par déclarer à la BBC en 1964 qu'Eisenhower « n'avait jamais rien compris à la stratégie en Normandie » et avait « embrouillé toute l'opération ». Rendons justice à Montgomery : lorsque l'attaque cruciale des Américains à l'ouest de Saint-Lô, qui allait déboucher sur une percée décisive, débuta le 25 juillet, les Britanniques faisaient face à 14 divisions allemandes appuyées par 600 chars, tandis que les Américains n'avaient face à eux que 9 divisions et 110 blindés.

Max Hastings, *Overlord : D-Day and the battle of Normandy*, New York, Simon and Schuster, 1984.

New York Times, 6 juin 1994.

Chester Wilmot, *The Struggle for Europe*, London, Collins, 1952.

Ci-contre, page de droite, Un bulldozer vient de tracer un chemin à travers les ruines de Caen. © Keystone

PARIS
ROUEN
LE MANS
LAVAL
DON DE LA
NDE PHARMACI
U PROGRE

Ci-contre, page de gauche, 19 juillet 1944.
Le lieutenant C.C.Rand du *Royal Ulster Rifles* (au centre) dans les ruines de Caen.
© IWM

Ci-dessus, 26 juin 1944, près de Fontenay-le-Pesnel (Calvados).
Opération *Epsom* : un Sherman de la 49e DI britannique
est touché par un obus ennemi, sur la route entre Caen et Villers-Bocage.
© IWM

Les verrous sautent

Ci-dessus, Combat dans Falaise.
© Archives nationales du Canada

Les Américains avancent et ferment la péninsule du Cotentin conformément au plan, mais pas aussi rapidement qu'escompté. Le bocage, ce paysage normand typique, fait de petits champs bordés par des levées de terres surmontées de massifs d'arbustes, donne aux défenseurs de sérieux avantages. Il n'offre par ailleurs aucune occasion aux Américains d'utiliser leurs unités blindées mobiles. Les blindés doivent donc rester sur les routes. Chaque coin de bocage sert d'embuscade et chaque haie doit être conquise de haute lutte par des Américains qui, à l'exception des vétérans d'Afrique du Nord et d'Italie, n'ont que peu ou pas d'expérience du combat. Fin juillet, les Américains sont découragés et Eisenhower craint un enlisement similaire à celui de la Première Guerre mondiale : le pire cauchemar des stratèges alliés.

Deux facteurs permettent finalement aux Américains de l'emporter. Le premier est d'ordre logistique. Les Alliés doivent impérativement renforcer plus vite que les Allemands leurs troupes sur le terrain. Les renforts allemands sont entravés par Hitler, qui persiste à conserver des réserves substantielles dans le Pas-de-Calais pour faire face à un second débarquement, et par les succès de la Résistance et des bombardiers alliés contre les lignes de communication allemandes. Les Alliés ont eux aussi des problèmes logistiques : même si Cherbourg tombe le 26 juin, soit une semaine plus tôt que prévu, les Allemands ont à ce point endommagé les infrastructures portuaires qu'elles sont inutilisables jusqu'à la mi-septembre. Un des deux ports artificiels est détruit par la tempête qui sévit du 19 au 21 juin. L'accès à des ports de moindre importance, la remise en service du second Mulberry et l'utilisation de moyens inédits pour débarquer du matériel directement sur les plages permettent un « miracle logistique ». Petit à petit, les armées alliées acquièrent une supériorité matérielle et une certaine expérience du combat.

C'est leur suprématie aérienne qui emporte finalement la décision. Les chasseurs-bombardiers *Thunderbolt* (P-47) américains et *Typhoon* britanniques empêchent les divisions blindées allemandes de faire mouvement de jour et exacerbent leur manque critique de carburant et de munitions. Le soutien aérien des unités blindées au sol est amélioré par l'installation, dans chaque char de commandement, d'un officier de liaison en contact radio avec les escadrilles. Le surnombre et la couverture aérienne permettent aux Sherman faiblement blindés de l'emporter sur des chars allemands mieux protégés et mieux armés et sur des fantassins allemands bien équipés en armes antichars et en mortiers, et dont la réputation de valeur n'est pas usurpée.

La longue période de frustration du bocage prend fin avec l'opération Cobra, le 25 juillet. Cette attaque le long de la route reliant Périers à Saint-Lô débute mal : le bombardement préparatoire frappe le mauvais côté de la route et tue 111 soldats alliés, dont le général américain Leslie McNair, en tournée d'inspection. Pourtant, grâce aux chars équipés du dispositif « Rhino » qui permet aux Américains de quitter les routes et de franchir les haies, les Américains sont à même de contourner les points de résistance allemands et de sortir enfin du bocage le 27 juillet. Ils font alors route au sud, le long de la route côtière menant à Avranches, grisés de pouvoir enfin utiliser le plein potentiel de leurs divisions blindées, conçues pour une guerre de mouvement.

Hitler réplique en ordonnant une contre-attaque vers Mortain le 6 août, espérant couper le saillant américain. Cette erreur d'appréciation enferme l'armée allemande dans une poche. Cette bataille de la poche de Falaise constitue la plus grande défaite de l'armée allemande depuis Stalingrad, mais la victoire n'est pas

Ci-dessus, Juin 1944. Soldats américains dans le bocage normand. © Keystone

Ci-dessous, Photo aérienne des défenses portuaires allemandes à Cherbourg. © US Army/Mémorial de Caen

aussi complète qu'elle aurait pu l'être. On estime entre 20 000 et 40 000 le nombre de soldats allemands qui parviennent à s'échapper en raison de l'incapacité des Alliés à fermer la poche. Cet échec a provoqué un vif débat : est-il dû à la trop grande prudence des Canadiens et de Montgomery, ou est-ce Bradley qui n'ordonna pas la fermeture complète de la poche et ne renforça pas suffisamment le bras sud de la pince ? Quoi qu'il en soit, les forces allemandes, qui doivent batailler ferme pour passer dans un couloir de six petits kilomètres de large, constamment bombardés par l'artillerie et l'aviation alliées, endurent des pertes énormes. Les masses enchevêtrées de soldats allemands, de chevaux morts et de carcasses de blindés demeurent une des plus atroces images de la guerre.

Au même moment, le général Patton effectue un rapide va-et-vient en Bretagne. Virant au sud le long de la côte vers Avranches, puis vers l'est en direction du Mans, Patton se rue vers la Seine en ne rencontrant qu'une faible opposition. Ce général impulsif et son armée motorisée peuvent enfin se déplacer en terrain plat, conformément à leur doctrine d'utilisation. La route de Paris est ouverte.

Max Hastings, *Overlord : D-Day and the battle of Normandy*, New York, Simon and Schuster, 1984.

Ci-contre, Juillet 1944.
Soldats américains s'abritant dans un fossé aux abords de Saint-Lô.

Ci-contre, 22 août 1944.
Prisonniers allemands de la poche de Falaise.
© IWM

Ci-dessus, Tanks dans les rues de Flers. © IWM

Ci-dessous, 17 août 1944. Canadiens dans Falaise.
© Archives nationales du Canada

La *Wehrmacht* bat en retraite

Mise en place de mines antichars.
© Ullstein/Mémorial de Caen

Au terme de la bataille de Normandie, le bilan était lourd pour la *Wehrmacht*. Trois maréchaux usés, dont deux finirent par se suicider, quatorze généraux tués, quarante et une divisions détruites, ainsi que la plus grande partie des blindés à l'Ouest. Au total, environ 250 000 hommes mis hors de combat. Jusqu'à la fin juillet, le chiffre des pertes avait été à peu près équivalent dans les deux camps. Mais, comme le rapport des forces s'était progressivement établi à 4 contre 1 en faveur des Alliés, les pertes allemandes avaient été en proportion bien plus lourdes.

La bataille se soldait donc par une défaite, et c'est bien ainsi que la population allemande le perçut. Dès la fin juin, après la reddition de Cherbourg, le moral avait commencé à chuter. A l'espoir des premiers jours succédait le scepticisme, voire la démoralisation. Goebbels, dépité, jugeait que la population avait nourri des attentes exagérées, aussi bien à propos de la possibilité de repousser les « envahisseurs » que de l'efficacité des armes secrètes. Mais ces attentes, il les avait lui-même alimentées par sa propagande.

La bataille perdue, il fallait éviter que la guerre le fût à son tour. Au lendemain de Falaise, les restes de la 7e armée battirent en retraite, tout comme les troupes du Midi et du Sud-Ouest, auxquelles Hitler avait su, pour une fois, donner l'ordre de repli avant qu'il fût trop tard. Cela permit de sauver des forces pour la nouvelle ligne de défense qu'il s'agissait d'établir. Encore fallait-il que les Alliés, dont la motorisation produisait tous ses effets, leur en laisse le temps.

Hitler avait ordonné de bâtir une position à l'approche de Paris. L'ordre se trouva périmé avant même d'avoir reçu un début d'application. La ville de Paris elle-même fut bientôt perdue, sans que son commandant, Dietrich von Choltitz, ait mis à exécution les instructions qu'il avait reçues. Hitler l'avait nommé le 7 août avec les pouvoirs d'un commandant de forteresse, ce qui indiquait bien sa résolution de faire de la ville un théâtre d'opérations. Le 22 août, il avait précisé que les ponts de la capitale, les seuls demeurés intacts sur la Seine, devaient être défendus pied à pied ou, dans la pire hypothèse, détruits. Paris ne devait en aucun cas, avait-il ajouté, tomber dans les mains de l'ennemi, ou alors dans l'état d'un champ de ruines.

La chute de Paris, avec ses ponts intacts, rendait impossible aux troupes allemandes de s'établir sur la Somme et la Marne. Elles reculèrent donc vers la frontière belge (Bruxelles fut prise au début de septembre), puis derrière la ligne Siegfried. Les Alliés avaient décidément rattrapé leur retard des deux premiers mois. A la mi-septembre, ils touchaient aux frontières des Pays-Bas et de l'Allemagne. Selon la planification du haut commandement interallié, cette dernière devait être atteinte en mai 1945.

Du moins, la retraite allemande ne s'était pas transformée en déroute. Le danger avait été réel, comme le montra la traversée de la Seine où les soldats, après avoir abandonné les armes lourdes, se jetèrent sur tout ce qui pouvait flotter, de la barge au radeau. La remontée vers la frontière se fit au milieu de récriminations de toutes sortes : contre les maréchaux trop vieux ; contre cet incapable de Göring et son aviation fantôme ; contre les planqués de Paris et leur défaitisme. Beaucoup d'unités avaient éclaté depuis le départ de Normandie. Au 19 septembre, plus de 160 000 soldats avaient été récupérés, par petits groupes ou individuellement, à des points de rassemblement, avant d'être réinsérés dans de nouvelles formations et transportés au front.

Ci-dessus, Retraite d'engins blindés aux environs de Rouen. © ECPA-D

Ci-contre, Le maréchal von Rundstedt s'efforce de galvaniser de jeunes officiers. © ECPA-D

Ci-dessous, On s'embarque comme on peut. © ECPA-D

Un certain nombre d'entre eux, suspectés de désertion, furent remis à une justice militaire qui ne faisait pas de quartier.

Ce repli plus ou moins ordonné fut facilité par les difficultés croissantes de logistique rencontrées par les Alliés et que Hitler avait aiguisées en décidant de faire défendre jusqu'au bout les ports de l'Atlantique transformés en forteresses. L'ennemi fut ainsi privé de plusieurs grands ports – Lorient et Saint-Nazaire, par exemple, allaient tenir jusqu'en mai 1945, alors qu'Anvers tombait en septembre 1944, à la grande colère de Hitler. L'acheminement des renforts et du ravitaillement alliés en fut fortement ralenti et les Allemands gagnèrent du temps pour procéder à leur réorganisation. Le 5 septembre, Hitler avait confié cette tâche à von Rundstedt, rétabli dans son ancienne fonction de commandant en chef de l'Ouest. L'aristocrate prussien, obéissant, reprenait du service pour le petit caporal dont la politique détruisait le monde de ses aïeux.

Pendant que la réorganisation allait son train, Hitler cherchait compensation et vengeance du côté des armes secrètes. Au début de septembre, il ordonna de lancer des V1 contre Paris, ce que l'avance alliée empêcha de faire. De même il donna l'ordre, sans plus d'effet, de tirer sur Paris et Lille des fusées V2 – la nouvelle arme entrait en service depuis des bases situées aux Pays-Bas. Jusqu'à l'évacuation de la France du Nord, 8 617 V1 furent tirés, la plupart contre Londres, avec un taux de réussite de 25 %, la plupart des bombes volantes s'écrasant au sol ou étant interceptées par la défense anti-aérienne britannique. Le rythme de tir ne se ralentit pas après septembre 1944. En tout, jusqu'à la fin des hostilités, 22 384 missiles furent tirés, dont une bonne partie contre Anvers afin d'interdire aux Alliés l'utilisation du port.

Les fameuses armes secrètes laissaient un bilan décevant, au prix d'un gigantesque gaspillage. Selon les services américains, les Allemands auraient pu construire 24 000 chasseurs avec les ressources utilisées pour des armes dont l'efficacité militaire fut presque nulle, même si elles firent plusieurs dizaines de milliers de morts et de blessés en Angleterre et en Belgique. L'échec de la bataille de Normandie se doublait ainsi de l'échec des armes dont Hitler avait attendu un renversement du cours de la guerre et qui, techniquement mieux au point, l'auraient tout au plus prolongée. Cet échec évita du moins à des villes allemandes de subir, comme Hiroshima et Nagasaki, le feu atomique des Américains.

Dieter Ose, *Entscheidung im Westen 1944. Der Oberbefehlshaber West und die Abwehr der alliierten Invasion*, Stuttgart, Deutsche Verlags-Anstalt, 1982.

Horst Boog, Gerhard Krebs, Detlef Vogel *Das deutsche Reich in der Defensive. Strategischer Luftkrieg in Europa, Krieg im Westen und in Ostasien 1943-1944/45*, vol. 7 de *Das deutsche Reich und der Zweite Weltkrieg*, Stuttgart, Deutsche Verlags-Anstalt, 2001.

Heinz Dieter Hölsken, *Die V-Waffen. Entstehung, Propaganda, Kriegseinsatz*, Stuttgart, Deutsche Verlags-Anstalt, 1984.

Ci-dessus, Tombes allemandes en bordure de route. © ECPA-D

Ci-contre, page de droite, Une traversée à hauts risques. © ECPA-D

Pourquoi les Alliés ont-ils gagné ?

Avril 1944. Le troisième front d'Ukraine : un combat pour la station de Razdelnaïa près d'Odessa. © Agence Novosti

Un échec était possible en Normandie. Au vu des difficultés auxquelles les précédentes opérations amphibies avaient eu à faire face et de la puissance des défenses allemandes, le débarquement était un pari risqué.

Le commandant en chef des Alliés, le Général Eisenhower, est si bien informé du danger qu'au soir du 5 juin, après avoir donné le feu vert à l'opération, et désormais condamné à observer le mécanisme s'enclencher sans rien pouvoir y changer, rédige le brouillon d'un message à diffuser en cas d'échec : « Nos débarquements dans la région de Cherbourg et du Havre ne sont pas parvenus à prendre pied sur le rivage et j'ai ordonné l'évacuation des troupes. Ma décision d'attaquer à ce moment et en cet endroit était fondée sur les meilleures informations disponibles. Les troupes au sol, l'aviation et la marine ont fait montre de toute la bravoure et de tout le sens du devoir que l'on pouvait espérer d'elles. Si des erreurs et des fautes ont été commises, elles sont de mon seul fait. »

Même une fois la tête de pont établie (et après le quasi-échec à *Omaha*), la possibilité que les Allemands parviennent à stabiliser le front et à le contenir demeure. Un enlisement en Normandie aurait représenté un échec stratégique pour les Alliés. Cette possibilité semble bien réelle durant les six premières semaines, jusqu'à la percée des 25-27 juillet.

Une des raisons premières du succès des Alliés est le gigantesque affrontement entre l'Allemagne nazie et l'Union Soviétique sur le front de l'Est. Les observateurs occidentaux oublient bien souvent que plus de soldats sont morts sur le front de l'Est que sur tous les autres fronts de la Deuxième Guerre mondiale cumulés. L'Allemagne nazie a envahi l'Union Soviétique avec 200 divisions ; au printemps 1945, l'armée soviétique est forte de près de 450 divisions (les divisions soviétiques sont notablement plus faibles en effectifs que les divisions allemandes). En comparaison, les Allemands ne disposent que d'une soixantaine de divisions affaiblies et sous-équipées sur tout le front de l'Ouest. Au Jour J + 20 (le 26 juin), les Alliés ont déjà débarqué 25 divisions, et 15 autres attendent d'être embarquées depuis l'Angleterre. En septembre, Eisenhower dispose de 52 divisions opérationnelles. Sans cette lutte à mort qui mobilise la majeure partie de l'effort de guerre allemand sur le front de l'Est, les débarquements des Alliés en France n'étaient même pas envisageables.

Respectant la promesse faite à Roosevelt lors de la conférence de Téhéran ou peut-être désireux de célébrer à sa manière le troisième anniversaire de l'attaque allemande contre l'Union Soviétique, Staline lance le 22 juin 1944 une offensive majeure qui limite encore les possibilités allemandes de transfert de leurs forces vers le front de l'Ouest.

Une des branches de l'armée allemande est toutefois vaincue à l'Ouest : la *Luftwaffe*. La campagne de bombardement stratégique des Alliés contre les villes et les usines allemandes a été maintes fois critiquée pour avoir visé des civils et n'avoir atteint aucun de ses deux objectifs : réduire la production industrielle de manière décisive et anéantir le moral des populations civiles. Elle oblige pourtant les forces aériennes allemandes à dédier la quasi-intégralité de leurs forces à la défense du territoire national.

Ci-dessus, Avancée de l'Armée rouge en Ukraine.
© Moscou, Musée central des Armées/Mémorial de Caen

Ci-dessus, Un *Messerschmidt* 109 abattu par la chasse française. © ECPA-D

En 1944, la production aéronautique allemande est presque entièrement affectée à la construction d'appareils de chasse, délaissant la production d'appareils de soutien au sol, de bombardement stratégique ou de transport. En septembre 1944, 80 % des avions allemands sont basés en Allemagne. Ce déploiement prive les combattants des deux fronts de toute couverture aérienne. En juin 1944, les Alliés disposent en Normandie d'un avantage sur la *Luftwaffe* de l'ordre de 70 contre 1. Même en Allemagne, la *Luftwaffe*, qui avait infligé des pertes sévères aux bombardiers alliés en 1943, est en 1944 trop handicapée par le manque de carburant, d'avions et par le raccourcissement des délais de formation de ses pilotes pour être efficace.

La supériorité aérienne absolue explique pour une large part le succès du débarquement de Normandie. Elle empêche les Allemands de détecter le rassemblement de l'armada alliée en mai-juin 1944 et d'effectuer des prévisions météorologiques fiables le 5 juin. Ce jour-là, la *Luftwaffe* ne dispose que de 119 chasseurs opérationnels sur les côtes de la Manche, comparés au 5 000 chasseurs dont disposent les Alliés. Dans la nuit, les avions de chasse nocturnes allemands sont détournés par de faux signaux radars vers le Pas-de-Calais. Une fois le débarquement repéré, la *Luftwaffe* ne peut effectuer que 316 sorties le 6 juin.

Ce déséquilibre laisse les mains libres aux Alliés pour affecter tous leurs appareils disponibles au bombardement des défenses côtières. Par la suite, les Allemands sont dans l'incapacité de mouvoir leurs réserves de jour. Les divisions blindées et d'infanterie alliées font appel à des observations aériennes précises effectuées par des appareils légers, et obtiennent un soutien rapproché et meurtrier des chasseurs-bombardiers sans que leurs avions soient menacés dans les airs.

Le troisième facteur crucial est la capacité des Alliés à rassembler des forces et du matériel plus rapidement que les Allemands. Les renforts allemands sont tout d'abord retardés par le succès des opérations d'intoxication menées par les Alliés : convaincu de l'imminence d'un second débarquement dans le Pas-de-Calais, Hitler refuse de déplacer la moindre unité y stationnant avant la mi-juillet et, même après cette date, d'importantes réserves y sont maintenues.

L'arrivée des renforts allemands est en outre ralentie par les bombardements stratégiques des ponts sur la Loire et la Seine, qui isolent efficacement le champ de bataille de Normandie. Le bombardement tactique des voies ferrées et des routes oblige les Allemands à se déplacer de nuit. Les actions de la Résistance retardent également les mouvements. La tristement célèbre 2e division Panzer SS *Das Reich* reçoit l'ordre de quitter Toulouse pour la Normandie le 6 juin. Ses unités déplacées par rail (et notamment ses chars) ne terminent le voyage de 750 kilomètres qui les sépare du front que 17 jours plus tard, le 23 juin.

Pendant ce temps, les Alliés déposent une quantité stupéfiante de matériel et de soldats sur le rivage. Au début de la guerre, leurs navires de transports ont payé un lourd tribut aux sous-marins allemands. A partir de mars 1943, les patrouilles aériennes à longue distance et la présence de petits porte-avions d'escorte dans les convois renversent la situation. Dans la seconde moitié de 1943, les sous-marins allemands ne coulent que 57 navires alliés pour la perte de 151 unités. Les énormes quantités d'hommes et de matériel disponibles aux Etats-Unis peuvent alors être envoyées en Normandie.

Il reste à les déposer sur le rivage. Peu après le jour J, une multitude d'inventions techniques pour débarquer de vastes quantités de matériel directement sur les plages, couplées à l'utilisation du Mulberry (port-artificiel) laissé intact par la tempête du 19-21 juin, à celle du port de Port-en-Bessin et d'autres ports investis sur la côte du Calvados, permettent aux Alliés de renforcer leur présence en Normandie à une allure que les Allemands n'avaient pas imaginée.

La supériorité numérique n'offre pas forcément la victoire. Les armées alliées durent se battre pour progresser. L'excellente qualité du matériel allemand et les exceptionnelles aptitudes au combat de leurs soldats rendent la tâche ardue. Il faut attendre la percée d'Avranches du 25 juillet pour voir les Alliés dominer nettement les Allemands sur le champ de bataille et malgré cela, ils ne ferment qu'avec difficulté la poche de Falaise en août 1944.

La victoire des Alliés en Normandie n'est pas totale ; les Allemands parviennent à se replier pour se rassembler sur la frontière. Ils ralentissent l'avance des Alliés et sont même capables de les repousser dans les Ardennes en décembre 1944. Le général Eisenhower perd ainsi son pari avec le général Montgomery que la guerre serait finie avant Noël.

Ce succès manifeste des forces alliées constitue-t-il un plébiscite pour leurs systèmes politiques ? Les Anglo-Américains ont-ils gagné parce qu'ils sont parvenus à mobiliser toutes les énergies et à motiver les troupes et les civils plus efficacement que la dictature nazie ? Certains auteurs le pensent.

Mais la question n'est pas totalement tranchée. Les Allemands se battent avec beaucoup plus de ténacité en 1944 qu'en 1917-1918 ; la population civile maintient un taux de production élevé malgré les terribles souffrances infligées par les bombardements alliés ; les soldats allemands appartenant à des unités détruites se rassemblent en groupes improvisés pour combattre parfois jusqu'à la mort. L'Allemagne nazie doit certes prendre des mesures plus coercitives que les Alliés pour maintenir la discipline : près de 15 000 soldats sont exécutés et 450 000 condamnés à des peines de prison, la plupart sur le front de l'Est. Mais les officiers et soldats allemands se sont généralement battus avec acharnement pour l'honneur de leurs armes, celui de leur nation et par loyauté envers leurs camarades, même s'ils détestaient Hitler. Un des plus beaux exemple est fourni par la 116e division Panzer, qui

Ci-dessus, 8 juin 1944.
Char américain débarquant d'un LST (*Landing Ship, Tanks*).
© U.S. Army/Mémorial de Caen

Ci-contre, Les caissons *Phœnix* en ciment dont l'alignement constitue le port *Mulberry* devant Arromanches. © Keystone

se distingue durant la campagne de Normandie et dont l'état-major est en grande partie mêlé au complot contre Hitler du 20 juillet.

Il est vrai que le nazisme a imposé des contraintes à l'effort de guerre allemand. Hitler insistait pour diriger les campagnes dans le détail et ses capacités militaires à ne pas sous-estimer la surprise et l'agressivité étaient payantes, étaient inadaptées à des campagnes défensives. Les erreurs d'Hitler comptent pour beaucoup dans la victoire des Alliés. La contre-offensive de Mortain des 6 et 7 août 1944 enferme une bonne partie de son armée dans une poche, où elle laisse la majeure partie de son équipement et un grand nombre d'hommes. Hitler rend impossible, par ses décisions, la formation d'une ligne de défense. La coordination interarmes est, jusqu'au bout, très faible. De surcroît l'économie allemande, handicapée par son inorganisation, par les conflits au sein du parti nazi et par l'emploi d'un grand nombre de travailleurs forcés, est moins productive par ouvrier que l'économie britannique ou américaine.

Mais ce serait simplifier à l'extrême que d'affirmer que les Alliés ne l'ont emporté qu'en raison de leur supériorité matérielle, quelle que soit son importance. Les Allemands aiment à dire des troupes alliées, et particulièrement américaines, que leur succès provient de la quantité de leur matériel plutôt que de la qualité de leurs combattants. Il est vrai que les Américains n'étaient pas prêts à entrer en guerre et manquaient cruellement d'entraînement, comme l'a montré la campagne de Tunisie au printemps 1943. Les premières difficultés n'ont évidemment rien à voir avec leur infériorité raciale, comme Hitler le croyait. Ils se sont formés sur le champ de bataille. S'ils n'ont jamais atteint le niveau des soldats allemands, cela vient pour partie de leur système de remplacement, qui incorporait individuellement des soldats fraîchement formés dans les unités déjà constituées, au détriment de la cohésion et de l'efficacité.

L'offensive surprise des Allemands du 16 décembre 1944 dans les Ardennes, sous le couvert d'une météo exécrable, constitue le test final de la capacité de combat des soldats alliés en l'absence de couverture aérienne. Si certaines unités américaines refluent en désordre, d'autres se battent avec acharnement à Bastogne et ailleurs. Elles ralentissent l'attaque allemande qui s'enraye dès que la météo s'améliore et que les Alliés recouvrent la maîtrise aérienne. A la grande surprise d'Hitler, les soldats alliés prouvent dans les Ardennes qu'ils sont capables de combattre avec ténacité, tout en ayant perdu leur supériorité matérielle.

David Eisenhower, *Einsenhower at war, 1943-1945*, New York, Random House, 1986.

Chester Wilmot, *The struggle for Europe*, London, Collins, 1952.

R.J. Overy, *Why Allies Won*, London, Jonathan Cape, 1995.

John Keegan, *Six Armies in Normandy, From D-Day to the Liberation of Paris*, London, Jonathan Cape, 1982.

Ci-dessus, 17 décembre 1944. Soldats d'élite de la *Wehrmacht* progressant lors de la contre-attaque allemande dans les Ardennes. © DITE-USIS

Ci-contre, page de droite, 10 janvier 1945. Un sergent de la 35e division d'infanterie américaine, après plusieurs jours de combat près de Bastogne. © DITE-USIS

7.
Les « France » libérées

Une Libération laborieuse

Photo retrouvée à Oradour après le départ de la 3e compagnie du 1er bataillon de la division *Das Reich*. © Tallandier

Les Parisiens ont dû attendre leur Libération 12 semaines, les Strasbourgeois 23. Ce laps de temps reste court rapporté à l'ensemble de la guerre ou si l'on songe qu'une partie des Pays-Bas était encore occupée le 7 mai 1945. Liés aux trajets empruntés par les diverses armées, ces temps différents de la Libération aboutirent à la juxtaposition de « Frances » contrastées : il y eut autant de libérations différentes que de régions ou de villes.

Ici et là, ont émergé, dès le 7 juin, des Républiques locales : ainsi dans le Cantal, « la République de Mauriac » a mené, à l'écart des combats, son petit bonhomme de chemin sous la houlette d'un comité de libération reconnu par presque toute la bourgade.

A l'inverse, le nom seul du Vercors symbolise ce que put avoir d'impitoyable la traque de résistants combattants. Des volontaires ou des réfractaires du STO, rejoignant les premiers maquisards dans ce donjon naturel, y proclamaient la République le 3 juillet. Presque 4 000, ils bénéficiaient, le 14 juillet, d'un parachutage massif d'armes. Il y avait de quoi rendre les Allemands inquiets pour leurs lignes de communication avec l'Italie. Du 21 au 27, le massif était investi à la fois par des planeurs se posant au cœur du plateau et par des troupes de montagne forçant les cluses. Alger, par trop négligent, ne put assurer les appuis aéroportés et aériens promis et les résistants durent céder. La répression qui s'ensuivit fut menée – soulignons-le – non par des SS mais par des soldats réguliers de la *Wehrmacht*. Elle fut sauvage à l'égard des maquisards, mais aussi de la population civile : 639 combattants tués, les blessés achevés, comme dans la grotte-hôpital de la Luire. Sur les 880 habitants, 201 furent abattus, dont, à Vassieux, 65 femmes et fillettes, pour certaines éventrées, aux côtés d'hommes émasculés ou au crâne éclaté.

Si la France ne connut pas le sort effroyable de la Pologne et de la Russie, le massacre de Vassieux fut loin d'être le seul. Nombreuses furent les exécutions sommaires. Celle de prisonniers incarcérés, par exemple dans la banlieue lyonnaise : 110 à Bron, 120 à Saint-Genis-Laval, entre le 17 et le 21 août. Celle de résistants considérés comme des francs-tireurs, tels ces 35 jeunes Parisiens achevés, le 17 août, à la Cascade du bois de Boulogne. Des reîtres fanatisés se livrèrent contre des villages inoffensifs à des exactions inexpiables, soit pour instaurer la terreur, comme la division *Das Reich* en avait reçu mission, soit pour se venger de devoir battre en retraite. A Maillé, en Touraine, 124 personnes furent massacrées. Dans la Meuse, la petite vallée de la Saulx égrenait les drames : 55 exécutions à Robert-Espagne, 44 à Couvonges, etc. A 10 km de Limoges, le bourg d'Oradour, investi, le 10 juin, par 120 hommes – dont des « malgré-nous » alsaciens – du régiment *Der Führer* de la 3e compagnie du 1er bataillon de la division *Das Reich*, sous le prétexte – avancé plus tard – de venger l'enlèvement, à 50 km de là, d'un commandant SS, reste, en France comme en dehors de ses frontières, le symbole de la barbarie nazie gratuite : 199 hommes y furent mitraillés, 241 femmes et 202 enfants périrent dans l'église livrée aux flammes.

Revenons à la France combattante, celle des FFI luttant dans les maquis ou dans les villes, qui a été exaltée et dénigrée. Elle s'est surtout sentie frustrée d'être, malgré de tardifs parachutages, insuffisamment armée pour tenir tête à elle seule à la *Wehrmacht*, même quand elle regroupait des milliers d'hommes dans des « maquis mobilisateurs ». Ceux qui continuent de

Double page précédente, Un char de la 7e armée traverse une ville au nord de Montélimar, le 29 août 1944. © Tallandier

dénoncer le « résistantialisme » soulignent que, à part la reddition, près d'Issoudun, d'une colonne de 20 000 hommes commandée par le général Elster, la résistance n'a obtenu aucun succès militaire significatif, et que son rôle est resté marginal dans la libération de 85 % des cités françaises (cinq villes seulement ont connu une insurrection : Ajaccio, Thiers, Lille-Roubaix-Tourcoing, Marseille, Paris ; ajoutons-y Limoges, dont le « préfet du maquis », Georges Guingouin, eut l'intelligence d'attendre qu'elle tombe comme un fruit mûr). Mais il faut rappeler que, hormis les communistes et ceux qui les suivaient, la Résistance recommandait à Monsieur tout le monde de ne pas se mêler aux combats. En tout cas, les FFI servirent de guides efficaces à l'armée de Lattre en Provence, s'emparèrent d'un certain nombre de villes moyennes, notamment dans le Sud-Ouest. En Bretagne, où ils étaient au moins 20 000, ils fournirent un appoint décisif aux blindés de Patton, qui, protégés sur les flancs et les arrières, purent traverser en aller-retour la péninsule en 4 jours. Reste que, militairement, la Résistance dut souvent, par la force des choses, se cantonner dans cette « guérilla insaisissable », que réclamait Koenig, en gênant, harcelant, retardant. Mais, en dépit de cette impuissance relative, beaucoup de Français, notamment dans des maquis dont les effectifs doublèrent dans la première quinzaine de juin, ont décidé de participer à leur libération. Voilà qui fut politiquement capital.

André Kaspi, *La Libération de la France, juin 1944-janvier 1946*, Perrin, 1995.

Jean-Pierre Azéma et Olivier Wieviorka, *Les Libérations de la France*, Ed. La Martinière, 1993.

Gilles Vergnon, *Le Vercors. Histoire et mémoire d'un maquis*, Ed. de l'Atelier, 2002.

Ci-dessous, Goupe de FFI en Bretagne. © Tallandier

Les Français font l'économie de la guerre civile

Le colonel Rol-Tanguy. © Coll. Roger-Viollet

Le débarquement menant à la Libération a t-il déclenché une guerre civile ? A l'évidence non, puisque les deux camps officiellement opposés ne pouvaient en aucun cas se mesurer. Car les attentistes les plus nombreux, même habités par la lassitude et la peur, détestaient suffisamment l'occupant pour s'accommoder des résistants. Ils n'étaient nullement disposés à soutenir ni les ultras de la collaboration, ni les Miliciens de Vichy, cherchant bien, eux, à déclencher une guerre franco-française, (mais la France de l'été 1944 n'était pas l'Espagne de 1936).

C'est en fait dans le camp des vainqueurs qu'il existait divers risques de rupture que l'atomisation prononcée de la France rendait d'autant plus préoccupants. L'établissement de l'autorité du Gouvernement Provisoire pouvait s'en ressentir dès lors que des responsables de la Résistance intérieure supportaient de plus en plus mal la prétention d'Alger à la contrôler.

Bien entendu le Délégué général, Alexandre Parodi, lointain successeur de Moulin, pouvait servir d'intermédiaire entre Alger et le CNR. Nommés avec l'aval de ce dernier, il y avait aussi des commissaires de la République, chapeautant plusieurs départements, et des préfets, choisis dans les classes dirigeantes, mais pris pour les deux tiers en dehors de la préfectorale. Sans doute certains d'entre eux furent-ils tués par l'occupant ou éprouvèrent-ils des difficultés à s'imposer aux pouvoirs locaux. Mais globalement cette nouvelle armature administrative fut plutôt efficace. Le CFLN disposait tout autant des délégués militaires régionaux en liaison radio avec Londres et répartissant les armes et les fonds.

Et si cet ensemble politico-administratif s'imposa de fait – nous l'avons vu – aux fonctionnaires vichyssois, n'allait-il pas se heurter aux manœuvres des communistes ? Gardons-nous de l'anachronisme classique : le PCF de l'été 1944, même avec ses 60 000 militants et quelques « milices patriotiques » n'est pas celui de 1947. Mais il tirait profit de son activisme jacobin et de la multiplication, à l'intérieur du Front national, des structures ouvertes à tous les « patriotes » sans distinction de classe. Il bénéficiait aussi, depuis Stalingrad, d'une « russomania ». Utilisant les arrestations ou les départs pour Alger de non-communistes, il plaça les siens dans des postes de responsabilité. Cette montée en puissance n'avait pas échappé à de Gaulle. Il repoussa jusqu'en avril le choix des deux ministres communistes entrant au CFLN parce qu'il entendait les choisir lui-même et se garda alors de gracier Thorez, qui avait été condamné pour désertion et piaffait en URSS pour rentrer en France.

Rappelons que deux règles primordiales s'imposaient au PCF : parti révolutionnaire marxiste-léniniste, sa stratégie amendée par des ajustements tactiques – les « lignes » – était la conquête politique du pouvoir. Depuis sa bolchevisation dans les années 20, il devait également défendre la « patrie du socialisme » et, partant, suivre les directives du Komintern ou ce qui en tenait lieu. Or celui-ci avait décidé que dans les pays ouest-européens, les partis communistes, et notamment le PCF et le PCI, devaient, pour hâter la chute du nazisme, adopter la ligne du compromis historique avec les forces bourgeoises « patriotes ». Bien plus, le nationalisme prôné par de Gaulle pouvait contrecarrer les prétentions hégémoniques des Anglo-Saxons. Et si le parti devait se muscler pour préparer des lendemains révolutionnaires, la prise du pouvoir n'était pas à l'ordre du jour.

De Gaulle disposait d'un avantage unique, né de son action autant que des circonstances, un charisme, la rencontre d'un individu doté temporairement de vertus singulières et des attentes de la masse. Sa personnalité lui permettait de gérer certaines formes d'affrontements. Son nationalisme faisait oublier au Français moyen, sevré de victoire, l'affreux trauma de l'été 40. Les pétaino-gaullistes pouvaient espérer trouver en lui un garde-fou. Et s'il se présentait comme le fédérateur de tous ceux qui aspiraient à rebâtir une France purifiée, c'était en assurant qu'on éviterait tous les excès, ce qu'il avait annoncé dans son discours du 14 juillet 1943 à Alger : « Car quand la lutte s'engage entre le peuple et la Bastille, c'est toujours la Bastille qui finit par avoir tort. Mais c'est dans l'ordre que les Français entendent traiter leurs affaires. » Aussi, le 24 août 1944, à Philippe Viannay, chef du mouvement Défense de la France, s'enthousiasmant parce que « la France est mûre pour tous les changements », de Gaulle rétorquait : « La France n'est pas un pays qui commence, c'est un pays qui continue. »

Jean-Louis Crémieux-Brilhac, *La France Libre*, Gallimard, 1996.

Fondation Charles de Gaulle, *Le Rétablissement de la légalité républicaine, 1944*, Ed. Complexe, 1996.

Ci-dessous, Le 22 août 1944, de Gaulle est à Laval (à gauche, le jeune Michel Debré, commissaire de la République). © Coll. part., DR

Le débarquement sur les côtes de Provence

Ci-dessus, L'opération *Anvil* est en passe de réussir. © DITE/USIS

Le 10 août, un premier convoi quittait Tarente, puis neuf autres Palerme, Naples, Oran… ; ils convergeaient, le 14, au large de la Corse. Cette même nuit, près de 400 avions et planeurs s'envolaient de Rome. L'opération *Anvil* (« l'enclume »), rebaptisée, par précaution, le 1er août, *Dragoon*, démarrait.

On avait choisi les plages de Provence, malgré leurs abords escarpés, parce que les navires pouvaient approcher, alors qu'ils auraient dû demeurer à plus de 20 milles de celles du Languedoc, par ailleurs infestées de champs de mines et d'obstacles divers. Ajoutons qu'Eisenhower tenait à s'emparer de Marseille, un port stratégique. Mais pour ne pas renouveler l'épreuve d'Omaha Beach, il fallait éviter la très puissante batterie installée depuis 1932 dans la presqu'île de Saint-Madrier qui ferme la rade de Toulon. L'opération se déroulerait donc sur une petite centaine de kilomètres entre la presqu'île d'Hyères et Cannes, plus précisément entre les îles du Levant et Théoule-sur-Mer.

Le gros des troupes se trouvant retenues en Normandie et en Italie, le général américain Patch qui commandait les forces terrestres disposait seulement de 7 divisions françaises – dont 2 blindées –, et de 4 américaines. Mais la Flotte alignait 500 navires de guerre (entre autres 300 britanniques, 150 américains et 34 français), dont 5 cuirassés et 9 porte-avions. Enfin, 2 000 avions, dont une partie étaient embarqués, assuraient la maîtrise de l'air aux assaillants.

Sans diminuer les mérites des vainqueurs, soulignons que leurs adversaires étaient plutôt démunis. Le général Friedrich Wiese, privé de divisions requises en Normandie, devait de surcroît faire avec des forces supplétives médiocres, venues d'URSS. En outre, Hitler qui – on le sait – décidait seul de la mise en marche des Panzer, le fit trop tard : lorsque la 11e Panzer franchit le Rhône sur des moyens de fortune, la tête de pont était déjà consolidée. Ces hésitations devaient coûter aussi cher qu'en Normandie : Wiese, n'ayant pas les moyens d'établir sa défense en profondeur, devait la limiter aux plages, soutenu par moins d'une centaine de bombardiers et très peu de chasseurs.

L'état-major allié, avec des généraux français, avait conçu une opération amphibie classique. Dans la nuit du 14 au 15, une division aéroportée américaine serait parachutée dans l'arrière-pays, entre Fréjus et Draguignan, tandis que des commandos américains et français détruiraient les batteries côtières qui auraient échappé aux bombardements et s'opposeraient à d'éventuels renforts. Le 15, une première vague d'assaut de forces américaines et quelques bataillons de Canadiens débarqueraient entre Cavalaire et Agay, suivies par des troupes françaises chargées, entre autres, de prendre Toulon.

L'opération qui devait être coordonnée avec précision et menée très rapidement, réussit totalement, malgré quelques erreurs dans le largage et la dépose sur les plages dans l'obscurité. Dès la première nuit, deux commandos sur trois menèrent à bien leur mission, les autres compensant leurs échecs dès le lendemain. Les cinq

Ci-contre, page de droite en haut,
Une barge de débarquement s'apprête à accoster à l'est de Toulon. © DITE/USIS

Ci-contre, page de droite en bas,
Première satisfaction : des hommes ont débarqué et le matériel suit. © DITE/USIS

mille hommes parachutés, rencontrant – on a dit pourquoi – peu d'opposition, tenaient dès le 15 au soir une profondeur d'une trentaine de kilomètres, ce qui permit de libérer Draguignan.

Entre-temps, le 15 au matin, avec une mer particulièrement calme et un vent nul, l'armada se présentait devant la côte. Malgré une légère brume, l'aviation bombardait les ouvrages défensifs, que pilonnaient ensuite les gros cuirassés et les croiseurs. Vers huit heures, les hommes des forces alpha se ruaient sur les baies de Cavalaire et de Pampelonne, ceux des forces Delta prenaient pied notamment sur la plage de La Nartelle. Seuls ceux de la force Camel échouaient, dans un premier temps, à débarquer près de Fréjus. Les troupes françaises, en une deuxième vague, complétaient l'opération. Tous les objectifs étaient atteints dès le 16 au soir.

Les combats eux-mêmes n'avaient pas été faciles, entre les mines et les défenses enfouies dans l'eau. Ceux des Allemands qui avaient survécu aux bombardements avaient chèrement vendu leur peau. Mais la supériorité des moyens, la maîtrise du ciel, la planification rigoureuse, l'allant des troupes et l'impossibilité pour les Allemands d'obtenir des renforts expliquent que en moins de trois jours, la tête de pont ait été établie. Le succès avait eu pour témoin James Forrestal, le secrétaire d'Etat américain à la Marine, qui avait tenu à assister aux combats depuis l'île du Levant. Et même Churchill, lui qui, pour des raisons de sécurité, avait été privé d'*Overlord*, avait pu apprécier techniquement, depuis le navire amiral britannique, une opération dont il avait pourtant violemment combattu le principe.

André Kaspi, *La Libération de la France, juin 1944-janvier 1946*, Perrin, 1995.
Jacques Robichon, *Le Débarquement de Provence*, Robert Laffont, 1962.

Ci-dessus, Soldats américains dans l'Esterel. © Tallandier

Ci-contre à droite, Forces françaises de « l'armée B ». © Tallandier

Ci-contre page de gauche, 15 août 1944. Commando prenant pied sur le sol de Provence entre Cavalaire et Boulouris. © Tallandier

Opération *Anvil-Dragoon*

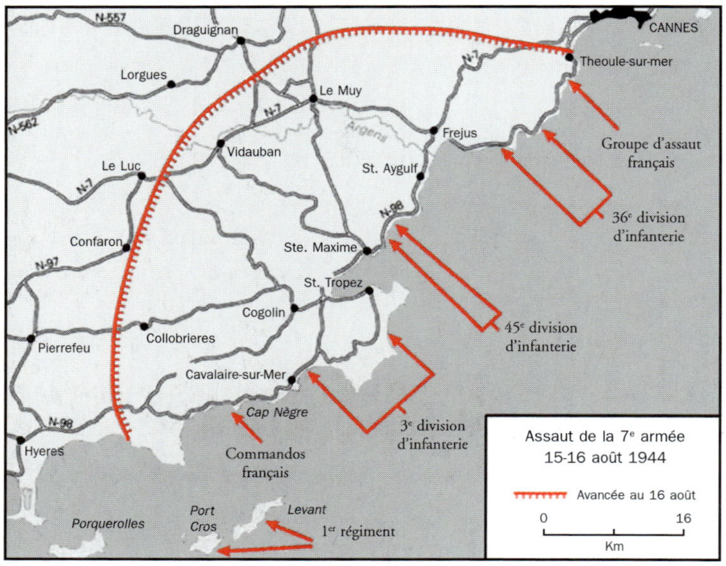

L'opération Anvil-Dragoon.

Le débarquement de Provence est moins célébré que les combats d'*Omaha Beach*, comme la chevauchée triomphale de la 2e DB rejette dans l'ombre les combats de la 1re armée française, ou la renommée de Leclerc éclipse celle de Jean de Lattre de Tassigny.

Pourtant l'opération *Anvil* unissait tous les libérateurs restés depuis dans la mémoire française. Car les Français – ce n'avait pas été le cas pour *Overlord* – avaient été associés au projet. Certes trois chefs anglo-saxons, le général Eaker, l'amiral américain Hewitt (qui s'était emparé de Casablanca en novembre 1942) et plus encore le général américain Alexander Patch avaient la responsabilité de l'opération amphibie. Mais près des deux tiers des forces terrestres étaient fournies par l'« armée B », enrégimentant de nombreux Sénégalais, Marocains, Algériens, armée rappelée d'Italie par de Gaulle et confiée à de Lattre. Et, dernier acteur, la Résistance joua pleinement son rôle. Dans cette région, 15 000 maquisards multipliaient depuis des semaines sabotages et coups de main, confinant l'occupant dans ses garnisons. Prévenus tardivement de l'imminence du débarquement, ils surent pourtant apporter une aide efficace.

Le projet avait pourtant failli ne pas voir le jour. A la conférence de Québec, en août 1943, Américains et Anglais s'étaient accordés pour envisager une double « invasion » (c'était – comme on le sait – le terme couramment utilisé aussi bien par les Allemands que par les Alliés). Mais le débarquement au sud de la France ne devait être alors qu'une diversion utile à *Overlord*. C'est à la conférence de Téhéran, en novembre 1943, qu'à l'instigation de Staline, l'opération baptisée *Anvil* (soit « Enclume ») devint l'un des deux éléments d'une gigantesque prise en tenaille classique.

Or Churchill, resté partisan d'une stratégie périphérique, était dorénavant surtout inquiet de l'avancée de l'armée Rouge. Il préconisait donc de conquérir l'Italie du Nord puis de s'engouffrer en Slovénie par la trouée de Ljubljana qui ouvrirait la route de Vienne. Eisenhower, faute d'un nombre suffisant d'embarcations, avait été, lui, contraint de disjoindre *Anvil* d'*Overlord*. Et, du même coup, le 28 juin encore, Churchill bataillait pour passer du report de ce second débarquement à son annulation. Les Américains tenaient bon. Roosevelt pour des raisons politiques : il ne voulait ni mécontenter Staline, ni proposer, dans une campagne électorale en vue d'un quatrième mandat, d'immobiliser les boys en Europe centrale, même si c'était pour contenir l'URSS. Les arguments d'Eisenhower étaient militaires : redoutant que les Balkans présentent les mêmes difficultés de terrain qu'en Italie, il tenait la ligne droite pour « le plus court chemin » pour anéantir le Reich. *Anvil* lui permettrait de protéger le flanc de son dispositif et de prendre le port de Marseille dont il avait impérativement besoin. La décision ne fut prise que le 2 juillet et, le 5, le déclenchement de l'opération était fixé au 15 août.

Sauf si l'on maintient, en une lecture rétrospective inspirée par la guerre froide, que la route de Vienne était la meilleure, *Anvil*, eu égard à ses objectifs, fut une réussite. Sans doute les transbordements restèrent-ils impossibles jusqu'au 25 septembre dans le port de Marseille saboté par l'occupant. Mais, dès le 12, la tenaille se refermait sur une trentaine de milliers d'Allemands

Ci-dessus, Toulon : pièce d'artillerie allemande aux mains de soldats français. © Tallandier

trop lents à se replier. Et dans les Alpes, deux divisions françaises verrouillaient la frontière italienne.

Une portion supplémentaire du territoire français, presque un tiers, était libéré. Les troupes de l'armée B prenaient Toulon dès le 27 août, après la reddition des derniers défenseurs barricadés dans la presqu'île de Saint-Marquier. Et déjà, le général Goislard de Monsabert, un divisionnaire de Jean de Lattre, profitait de la grève insurrectionnelle que les résistants marseillais avaient, malgré leurs clivages, déclenchée le 18 août : après des combats difficiles, dans lesquels périrent 1 500 soldats dont 500 goumiers, Marseille tombait finalement le 28. Les Américains, avertis par la Résistance de la faiblesse de l'opposition allemande, remontaient la route Napoléon et libéraient Grenoble dès le 22 août. Les combats de la vallée du Rhône furent âpres. Les Américains prenaient malgré tout Valence le 23 ; les soldats de la 1re armée pénétraient le 29 août dans Montpellier, contrôlaient Nîmes, puis Saint-Etienne. Et c'est ensemble qu'Américains et Français entraient dans Lyon, le 3 septembre.

Et, comme pour flatter l'ego des généraux français, le hasard voulut qu'un peloton de la 2e DB et un élément de la 1re Division Française Libre (ex armée B) fissent ensemble, le 12 septembre, près de Montbard, la jonction entre les forces débarquées en Normandie et en Provence.

André Kaspi, *La Libération de la France, juin 1944-janvier 1946*, Perrin, 1995.

Arthur Funk, « *Anvil* : partie intégrante d'*Overlord*? » in François Bédarida (dir), *Normandie 44*, Albin Michel, 1987.

Ci-dessus, FFI sur la Canebière.
© Tallandier

Ci-contre, page de droite, La route d'Eze, entre Nice et Monaco, est sous contrôle américain. © Tallandier

Paris insurgé, combattant, enfin libéré

La rue de Rivoli cesse d'être allemande.
© Jean-Loup Charmet

Remettant, le 2 avril 1945, la Croix de la Libération à la ville de Paris (une des cinq villes décorées), de Gaulle exaltait une « Libération entreprise de ses propres mains, achevée avec l'appui d'une grande unité française et consacrée par l'immense enthousiasme d'un peuple unanime. ». Dans la mémoire des Français, la libération de Paris reste bien le modèle de ce qui aurait eu lieu dans la France entière. Mais cette mémoire en fait aussi la suite et l'effet du jour J, ce dont de Gaulle ne disait mot, omettant volontairement de citer les Américains. Or on ne peut négliger le fait que si, malgré les directives de Hitler, la capitale ne connut pas le sort atroce de Varsovie, ce fut le résultat d'une synergie entre résistants insurgés, une division blindée française et un régiment d'Américains venu d'*Utah Beach.*

La stratégie américaine visait à détruire l'ennemi, non à s'emparer des villes. Eisenhower, sans sous-estimer sa portée symbolique, ne jugeait pas la prise de Paris urgente. Redoutant d'avoir à conquérir la ville quartier par quartier, il savait qu'il ne pourrait la ravitailler et ne souhaitait pas affronter la question du statut politique du Gouvernement Provisoire qui y siégerait. La capitale, contournée par Mantes et Melun, finirait bien par tomber.

Si, à Paris, les membres de la Résistance institutionnelle défendaient le principe d'un soulèvement, ils ne s'accordaient pas sur ses finalités et ses modalités. Les communistes, qui contrôlaient largement le CNR, le COMAC, son organe militaire, le Comité parisien de Libération et, avec Henri Rol-Tanguy, la région parisienne, exigeaient une action précoce, menée par la classe ouvrière. La capitale, libérée avant l'arrivée des Anglo-Saxons, ne devait offrir aucun refuge à la *Wehrmacht.* La plupart des non-communistes, entre autres les officiers de l'Organisation de la Résistance de l'Armée, redoutant l'émergence d'une commune communiste, freinaient en attendant les Alliés. Malgré des discussions parfois violentes, il n'y eut pas de scission. La grève généralisée des services publics fut suivie, le 19, par un ordre de mobilisation. A une trêve, plus ou moins respectée, succéda le déclenchement de l'insurrection, la guérilla, avec quelque 500 barricades, gagnant les rues le 22 août. Si le début de la mobilisation correspondait au schéma du type « résistant-citoyen » (en reprenant la formulation de François Marcot) élaboré par le PCF, les structures résistantes ne permettaient pas d'encadrer un mouvement de masse, et ce Paris insurgé, fait de la juxtaposition de situations locales, restait fragile.

Hitler avait clairement ordonné de garantir aux troupes en retraite la possibilité de traverser Paris et, s'il fallait abandonner la ville, de la détruire, ce dont étaient encore capables les forces dont disposait le commandant du *Gross Paris,* 20 000 hommes, une soixantaine de chars et quelques avions. Mais les troupes allemandes, à l'exception de quelques unités SS, se montraient prudentes et, Dietrich von Choltitz, qui avait pourtant maté

Page de droite, en haut, Les chars M4 Sherman équipent entre autres le 12e RCA (Régiment de Chasseurs d'Afrique). © IWM
Page de droite, en bas, Les hommes de la 2e DB réduisent un point d'appui allemand. © Coll. privée/DR

29
MAURIENNE

valisère
RADIO
PHONO
PHOTO

Sébastopol avec une extrême brutalité, hésitait. Le Führer sous-estimait vraisemblablement l'effet de l'attentat manqué du 20 juillet sur une partie de l'armée d'occupation. Bref, les réactions allemandes restaient limitées.

Le 21 août, face à cette situation nouvelle, Eisenhower changeait donc d'avis. Politiquement, mieux valait laisser de Gaulle s'installer à Paris que tolérer un désordre préjudiciable aux opérations. Militairement, prendre Paris lèverait la menace pesant sur les flancs alliés. La ville était bonne à prendre mais à condition de faire vite : le Ve corps d'armée, la 2e DB en tête, flanquée elle-même de la 4e division américaine, reçut l'ordre de foncer sur la capitale. Débarquée à *Utah Beach* le 1er août, la 2e DB, la seule unité française à combattre en Normandie sous commandement allié, rattachée pour l'heure au Ve Corps du général Gerow, avait fait bonne impression, notamment à Argentan et Alençon. Eisenhower éprouvait plus de réserves à l'endroit de son chef, Leclerc, qui frayait difficilement avec les Américains, et, surtout, n'en faisait qu'à sa tête.

Le 24 au soir, alors que Leclerc avait pris du retard, trois chars (dont un équipage était composé de républicains espagnols) se faufilaient jusqu'à l'Hôtel de Ville, salués par le bourdon de Notre-Dame et toutes les cloches de la capitale. Le 25, « les Leclerc », avec les FFI, et les Américains du 12e RI qui étaient passés par la porte d'Italie, réduisaient les dernières poches de résistance allemandes. Médiocrement armés, les FFI eurent plus de 1 000 tués au combat ou fusillés, tandis que la population civile comptait 582 morts et près de 2 000 blessés. Si la 2e DB eut 130 morts et 319 blessés, les Allemands, eux, perdirent près de 2 800 hommes.

Le 25, Choltitz, après un baroud d'honneur dans l'hôtel Meurice, se constituait prisonnier, gagnait la préfecture de police où, à 15 h 30, il contresignait avec Leclerc une convention d'armistice. Puis, du PC français, gare Montparnasse, il adressait à ses troupes un ordre de reddition.

Charles de Gaulle devait alors gagner sa bataille politique.

André Kaspi, *La Libération de la France, juin 1944-janvier 1946*, Perrin, 1995.
Paris 1944, Les Enjeux de la Libération, Albin Michel, 1994.

Ci-dessus, Depuis quatre ans, les Parisiens attendaient cet événement : la reddition de soldats de la Wehrmacht. © Collection Viollet

Ci-contre, page de droite, Rue de Rivoli : Paris se libère et est libéré. © P. Vals/Mémorial de Caen

F.F.I.
PARIS

Cent jours après le jour J

Ci-dessus, De Gaulle arrive à Rambouillet avec le colonel de Chevigné et André Le Troquer, ministre délégué aux territoires libérés. © Coll. part., DR

De la manche décisive gagnée par de Gaulle à Bayeux à la prise de pouvoir à Paris, la ligne est identique, ses fondements sont les mêmes. La nation France, qui n'avait pas cessé de se battre depuis 1939, devait d'abord retrouver le rang qui était le sien avant l'affreuse déroute entraînant la dilution de l'Etat en juin 1940, désastre que le régime usurpateur de Vichy avait aggravé avec sa méprisable et dangereuse collaboration d'Etat. Le Gouvernement Provisoire de la République, comme il avait été dit à Bayeux, devait être considéré comme le seul légitime, y compris par les Alliés. Ce qui impliquait également que les Français prissent une part décisive à la Libération, au besoin par l'insurrection, à condition que l'ordre ne soit pas trop malmené et que de Gaulle en restât maître. Il était exclu que la Résistance, contrôlée ou non par les communistes, déchaîne des forces centrifuges. Quant à celui qui aspirait à être le pivot fédérateur, il lui fallait compléter la légitimité que lui conférait le « non » originel du 18 juin, par l'acquiescement populaire dont le peuple du Bessin lui avait donné un avant-goût. La partie était difficile, mais jouable.

Certes, depuis Bayeux, il avait gagné des points. Son voyage aux Etats-Unis, en juillet, lui avait rapporté la reconnaissance *de facto* du Gouvernement Provisoire par les Américains. Puis il avait pu se féliciter de l'efficacité de l'armée de Lattre. Revenu en France le 18 août, accompagné du seul André Le Troquer, ministre des territoires libérés, il recevait à Rennes, délivrée par l'action conjointe des Américains et des FFI, un accueil particulièrement chaleureux. Mais le but restait Paris, non comme berceau des révolutions, mais comme siège de l'Etat depuis plus d'un siècle et demi et cœur de la nation France.

Les ultimes manœuvres vichyssoises, qui – le bruit en courait – pouvaient rencontrer un certain écho dans des milieux américains, comme les risques d'une anarchie qui aurait compromis la nécessaire restauration de l'Etat, renforçaient son inquiétude et son impatience. C'est pourquoi il avait vivement poussé Eisenhower à détacher en avant-garde la 2e DB dont il suivait de près la progression.

Dans la geste gaullienne, la journée du 25 août est un morceau de choix. En uniforme de général, faisant halte à la gare Montparnasse, il félicitait les vainqueurs et morigénait Leclerc qui avait cédé à Rol-Tanguy exigeant d'apposer lui aussi sa signature sur l'acte de reddition. Puis il se rendait « chez lui », comme il l'écrit dans ses *Mémoires*, rue Saint-Dominique, dans ce ministère de la Guerre qu'il avait dû quitter en juin 40. De là, il s'autorisait à faire un crochet par la Préfecture de police, laissant les membres du CNR s'impatienter à l'Hôtel de Ville.

A l'Hôtel de Ville, le verbe gaullien se donna libre cours. Le chef du Gouvernement Provisoire ne cita pas une seule fois le nom du CNR. Son sens politique le retint aussi d'imiter Lamartine annonçant un nouveau régime, ou de jouer au révolutionnaire en proclamant la IVe République. Mais il trouva les mots pour rendre à Paris, qui l'attendait depuis plus de quatre ans, le plus beau des hommages. Citons une fois encore ces phrases d'anthologie : « Paris ! Paris outragé ! Paris brisé ! Paris martyrisé ! mais Paris libéré ! libéré par lui-même, libéré par son peuple avec le concours des armées de la France, avec l'appui et le concours de la France tout entière, de la France qui se bat, de la seule France, de la vraie France, de la France éternelle [...] la France rentre à Paris chez elle [...]. »

Si la journée du 25 était celle de l'Etat, celle du 26 revint au peuple, avec il est vrai le concours d'éléments de la 2e DB contrevenant aux ordres du général Gerow, et du clergé de Notre-Dame qui aurait dû chanter le *Te Deum*, mais se contenta du *Magnificat*, mieux connu des fidèles, en se passant du cardinal Suhard, privé de cérémonie pour sa complaisance à l'égard de Vichy. La réussite, ce fut la descente triomphale des Champs-Elysées. En une cohue bon enfant, qui mêlait généraux, personnalités de la Résistance, motocyclistes et huissiers à chaîne, le bon peuple offrait à Charles de Gaulle la légitimité qu'il attendait. A Bayeux, il avait passé avec succès, devant les Normands, un examen ; à Paris, le peuple le sacrait.

Le soir, la capitale, soulagée, s'endormait, repue de gloire ; mais un peu avant minuit, les bombes allemandes faisaient 189 morts, 890 blessés, détruisant 372 immeubles. Américains et soldats de la 2e DB eurent quelque mal à repousser des renforts allemands pugnaces. La guerre, évidemment, continuait : Strasbourg attendrait quatre-vingt-dix jours sa libération, le 22 novembre.

Charles de Gaulle, *Mémoires de guerre*, tome 2, *L'Unité* (1942-1944), si possible dans l'édition de la Pléiade, Gallimard, 2000.

Jean-Louis Crémieux-Brilhac, *La France Libre*, Gallimard, 1996.

Ci-dessous, Charles de Gaulle flanqué d'André Le Troquer et d'Alexandre Parodi, et avec derrière lui les généraux Koenig et Leclerc, entame le 26 août sa descente des Champs-Elysées. © Coll. Roger-Viollet

Le crépuscule du IIIe Reich

Un très jeune soldat SS se rend à la 3e division blindée américaine près de Fulda en janvier 1945. © DITE/USIS

L'automne 1944 allait-il être le dernier automne de la guerre ? La plupart des contemporains, tous peut-être, l'espéraient, quoique pour des raisons différentes. Hitler voulait toujours croire en un miracle, les Alliés souhaitaient une victoire rapide. Ni l'un ni l'autre ne se produisit. La défaite du Reich était au bout du chemin, mais ce chemin était encore long.

La bataille de Normandie, conjointement avec l'offensive soviétique, avait du moins marqué un tournant, dont les effets étaient bien visibles à la fin de l'été 1944. D'une part, l'alliance anti-hitlérienne se trouvait renforcée. Il n'y avait désormais plus aucune chance, en dépit des espoirs de Hitler, que l'un ou l'autre des partenaires se laisse tenter par une offre de paix séparée, contre laquelle militaient et le rapport des forces global et la présence des Anglo-Saxons sur le continent européen.

D'autre part, l'Allemagne avait subi une réduction fatale des moyens à sa disposition pour continuer le combat. Sur le plan diplomatique, l'éloignement des neutres s'était accentué et la débandade de ses alliés précipitée. En août et septembre 1944, la Bulgarie, la Roumanie et la Finlande cessaient, l'une après l'autre, les hostilités contre l'URSS ou changeaient de camp, tandis que la Turquie rompait ses relations diplomatiques avec le Reich. En Slovaquie, une insurrection populaire obligeait les Allemands à envoyer des troupes. Restait la Hongrie, où le chef de l'Etat, l'amiral Horthy, brûlait de faire comme ses voisins. Hitler intervint en octobre 1944 pour le remplacer par Szalasy, le dirigeant des Croix fléchées. Il réussissait ici ce qu'il avait tenté sans succès en Roumanie au mois d'août : garder un allié dans son camp en substituant aux conservateurs qui lui avaient longtemps mangé dans la main des fascistes indigènes jusque-là tenus en défiance.

Cette cascade de défections, jointe à la pression militaire de l'ennemi, entraînait du coup le retrait des troupes allemandes de Finlande, de Norvège, de Grèce, d'Albanie et d'une bonne partie de la Yougoslavie. La *Wehrmacht* se retranchait dans le nord de l'Italie, le long de la Save en Yougoslavie et de la Tisza en Hongrie. Ailleurs, le repli sur les frontières du Reich était chose faite. A l'Est, ce que Staline avait demandé à ses alliés occidentaux depuis le début de leur association entrait en sa possession. L'Armée rouge avait atteint la Baltique et occupait une partie des pays baltes et de la Pologne, où elle laissait écraser le soulèvement de Varsovie.

Entre juin et septembre 1944, le Reich avait perdu le contrôle de ressources essentielles pour la continuation de la guerre : le chrome de Turquie, le manganèse ukrainien, le pétrole roumain, la bauxite du Midi de la France, sans oublier la main-d'œuvre et l'équipement industriel de la Belgique et de la France, avec le glacis défensif que fournissait leur espace aérien. Dans l'hypothèse la plus optimiste, les stocks de matières premières suffiraient jusqu'à l'été 1945. En réalité, la montée des pénuries, notamment d'essence synthétique, jointe à l'intensification des bombardements alliés sur le système ferroviaire, faisait immédiatement fléchir la production d'armements qui venait d'atteindre en

Ci-contre,
Cartes archivées de villes normandes, cibles des bombardiers lourds de la 8e USAAF. © DITE/USIS

Ci-contre, à droite,
Bombardement de Berlin en avril 1944. © DITE/USIS

juillet 1944 son plus haut point historique (une augmentation d'environ un tiers par rapport à 1943). En même temps commençait à décliner le niveau de vie des Allemands, que le régime nazi avait pris grand soin de maintenir aussi élevé que possible, en pressurant en proportion celui des populations des pays occupés. La présence de 7 millions d'étrangers travaillant sous la contrainte dans le Reich produisait à présent un effet boomerang sur le ravitaillement, qui accroissait la xénophobie et le racisme environnants.

A beaucoup d'Allemands, la situation apparaissait comme désespérée. Mais le régime nazi, soutenu par les zélotes du parti et de la SS, mettait une obstination meurtrière à retarder l'inévitable. Le haut commandement, qui avait contraint le pouvoir civil en automne 1918 à conclure un armistice, observait un silence pesant, les uns parce qu'ils restaient inféodés à Hitler, les autres parce qu'ils avaient été tétanisés par la répression de l'attentat du 20 juillet 1944. Le chef nazi se défiait de toute façon de son entourage militaire et se repliait sur un cercle restreint de fidèles, composé de Bormann, de Goebbels et de Himmler, à qui il confiait la tâche de mobiliser les fonctionnaires, de recruter de la chair à canon, de terroriser les récalcitrants. Tandis que des garçons imberbes étaient enrôlés dans la *Wehrmacht*, les hommes dispensés du service militaire étaient versés dans une milice, la *Volkssturm*, qu'on armait de bric et de broc et qu'on envoyait, en attendant l'arrivée de l'ennemi, creuser des fossés antichars.

De son quartier général, Hitler continuait d'exhorter à l'intransigeance et faisait sentir tous azimuts la vibration d'un fanatisme intact en dépit de sa déchéance physique. Blanchi, voûté, le bras agité d'un tremblement incoercible, le « Führer » s'identifiait à Frédéric II, ou plutôt à celui qu'il imaginait avoir été Frédéric II. Il l'invoquait comme un exemple et se disait résolu à tenir jusqu'à ce qu'intervînt le renversement espéré, par épuisement de l'ennemi ou dissociation de la coalition adverse. Aussi maintenait-il la pression sur ses troupes pour qu'elles continuent à se battre avec acharnement. En octobre, Aix-la-Chapelle fut ainsi défendue maison par maison, comme à Stalingrad. A défaut de victoire, c'était du temps gagné qui permettait de produire de nouvelles armes et de disposer les troupes en ordre de bataille, avant de lancer une nouvelle offensive à la faveur du mauvais temps qui immobiliserait l'aviation alliée.

La dernière offensive allemande de la guerre allait avoir lieu à l'Ouest, et non pas à l'Est où la menace paraissait pourtant vitale. Le rapport des forces était moins défavorable à l'Ouest, les problèmes de logistique gênaient toujours l'ennemi, son front s'étirait sur plusieurs centaines de kilomètres, et il était tenu, ce front, assez largement par les Américains, en qui les militaires allemands voyaient les « Italiens » de la coalition adverse – une appréciation pétrie de racisme nazi. Ce chaînon faible, la *Wehrmacht* allait le faire sauter en rééditant le coup de maître de 1940. Cette fois, la percée par les Ardennes devait permettre, en fonçant vers Anvers, d'infliger un coup sérieux, sinon fatal, aux armées anglo-saxonnes, avant de reporter, une fois de plus, le gros des forces vers l'Est.

L'opération, déclenchée le 16 décembre 1944, prit effectivement les Alliés par surprise et permit de faire plusieurs dizaines de milliers de captifs. Mais après quelques semaines, la bataille était perdue. Elle avait bloqué temporairement l'avance ennemie, mais elle avait surtout usé jusqu'à la corde les forces allemandes. Avec la reprise de l'offensive soviétique à l'Est, l'écroulement final n'était qu'une affaire de mois. A la fin d'avril 1945, dans Berlin assiégé par l'Armée rouge, Hitler mettait fin à ses jours, en compagnie d'Eva Braun qu'il venait d'épouser et du couple Goebbels, avec leurs six enfants. Retournée contre ceux qui avaient semé la mort à travers l'Europe, la fureur destructrice du nazisme jetait un ultime éclat dans un paysage de ruines.

Horst Boog, Gerhard Krebs, Detlef Vogel, *Das deutsche Reich in der Defensive. Strategischer Luftkrieg in Europa, Krieg im Westen und in Ostasien 1943-1944/45*, vol. 7 de *Das deutsche Reich und der Zweite Weltkrieg*, Stuttgart, Deutsche Verlags-Anstalt, 2001.

Alfred C. Mierzejewski, *The Collapse of the German War Economy, 1944-1945. Allied Air Power and the German National Railway*, Chapel Hill and London, The University of North Carolina Press, 1988.

Joachim Fest, *Les Derniers Jours de Hitler*, Paris, Perrin, 2002.

Ci-contre,
16 décembre 1944 :
les premiers prisonniers américains
lors de la contre-offensive des Ardennes.
© DITE/USIS

Ci-dessous, 28 janvier 1945 : un groupe d'hommes de la 82e division aéroportée américaine sous la tempête de neige durant la bataille des Ardennes.
© DITE/USIS

8. Mémoire(s)

JUNO

Mémoire et commémoration américaine

Plaque commémorative de la pointe du Hoc.

Pour les Américains, le jour J marque l'entrée en scène de leur pays comme puissance militaire majeure, livrant une guerre juste qui voit le Bien triompher du Mal, et rien de plus. Les commémorations de la campagne de Normandie, relativement discrètes durant les premières décennies, ont gagné en intensité à mesure que le souvenir de « la guerre juste » était effacé par cinquante années de guerres plus ambiguës et contestables.

Les Américains ont parfois tenté de commémorer le souvenir de leurs alliés, sans véritablement y parvenir. Ils ont tendance à penser qu'ils ont mené l'opération seuls et ne se souviennent pas que leurs bateaux ne représentaient que 16 % de la flotte alliée au large des côtes de Normandie au matin du 6 juin 1944. Dans le plus grand « best-seller » du cinquantenaire, *Citizen Soldiers* de Steven Ambrose, les soldats alliés n'apparaissent que rarement (sauf pour compliquer la vie des Américains par leurs erreurs). Ambrose critique parfois les généraux américains, mais ne critique jamais les simples soldats qu'il crédite, comme Eisenhower, du succès à *Omaha Beach*. Les soldats des autres nations sont tout aussi invisibles dans les films populaires comme dans celui de Spielberg *Il faut sauver le soldat Ryan*.

Lors du dixième anniversaire, l'horreur est encore palpable et la victoire est gâchée par les débuts de la guerre froide. Les régimes autoritaires n'ont pas tous été renversés après 1945. La guerre pour la liberté se poursuit. Pour le vingtième anniversaire, les perspectives sont plus ouvertes et on considère le jour J comme le « début d'une nouvelle ère de prospérité ». Des extraits des cérémonies sont diffusés sur les télévisions américaines, bien que peu de foyers les voient. Deux vétérans se sentent assez verts pour effectuer un nouveau saut en parachute pendant les cérémonies.

Durant ces années de guerre froide, les Américains ne mentionnent jamais l'attaque russe qui coïncida avec le jour J et les Soviétiques retournent le compliment en ignorant complètement les célébrations du jour J ou en indiquant que c'est l'Union Soviétique qui a affronté le plus gros des forces de Hitler. Bien qu'Eisenhower, devenu président, ait tenté de sortir de cette impasse en mentionnant dans son message consacré au dixième anniversaire son « association plaisante avec le Maréchal Joukov, un soldat de premier ordre », il faut attendre les années 80 et 90 pour que certains Américains et Britanniques admettent que c'est la campagne de Russie qui a rendu le débarquement possible.

De leur côté, les plus ardents partisans de la guerre froide se lamentent encore, en 1994, que le débarquement de Normandie ait « trop tardé pour empêcher la Russie de mettre la main sur l'Europe centrale ».

La perception de l'attitude française est tout autant soumise aux fluctuations des rapports diplomatiques du moment. En 1960, la présence officielle française est réduite ; le ministre des Anciens combattants Sainteny irrite les Américains en axant son

Double page précédente :
Soldats anglais et canadiens sur *Omaha Beach* le 6 juin 1994, 50e anniversaire du débarquement.
© Owen Franken/Corbis

Ci-contre, Le Jour le plus long de Ken Annakin et Andew Morton avec Darryl F. Zanuck, Sam F. Gordon, Robert Mitchum, tourné en 1962.
© Rue des Archives/BCA

Ci-dessous, à gauche et à droite. Il faut sauver le soldat Ryan : une scène du film et Steven Spielberg dirigeant Tom Hanks. © Christophe L.

discours sur les contributions de la Résistance française au succès du débarquement, bien qu'il fasse plus tard amende honorable en vantant les « liens d'amitié » interalliés. La présence officielle des Français va en augmentant. Certains journalistes américains, en 1970, soupçonnent une préoccupation très mercantile, les « commerçants tirant tout ce qu'ils peuvent des plages de Normandie ». En 1984, le consultant militaire du *New York Times*, Drew Middleton, se plaint que « les Français, dont le rôle durant les opérations de débarquement il y a quarante ans a été relativement mineur, ont décidé de transformer l'événement en une sorte de carnaval militaire français », avec des unités de l'armée et de la marine et un survol d'avions de l'armée de l'air.

Les commémorations américaines du débarquement de Normandie prennent un peu plus d'ampleur à chaque décennie. Le Président Ronald Reagan lui-même se déplace pour le quarantième anniversaire, ainsi que quatorze autres chefs d'Etat, alors que les anciens présidents s'étaient contentés d'envoyer un message. Clinton ne peut faire moins pour le cinquantenaire : ayant refusé d'effectuer son service durant la guerre du Viêt-Nam, il est en position délicate vis-à-vis des vétérans et soldats professionnels. Cette année là, le *New York Times* publie huit articles sur le jour J en trois jours, un record.

Les Américains concentrent leurs commémorations sur deux principaux *lieux de mémoire*. L'un d'eux, le cimetière de Colleville-sur-Mer où reposent 9 386 soldats américains, représente le sacrifice désintéressé des Américains pour secourir les Européens. Le second est la pointe du Hoc, flanquant l'ouest de la plage d'Omaha, que les Rangers américains ont escaladée sous le feu de l'ennemi, en grimpant sur des échelles fournies par la brigade des pompiers de Londres. Ce site symbolise le courage, l'abnégation et la ressource du soldat américain moyen qui n'a pas besoin d'être dirigé pour accomplir de grandes choses. En 1984, le président Reagan prononce un discours en ces deux lieux.

Lors des commémorations de 1994, une polémique éclate autour du refus d'inviter les Allemands. Diplomatiquement, le Chancelier Kohl fait remarquer qu'il n'a pas demandé à y participer (quoiqu'il ait peut-être tenté de s'inviter aux cérémonies de 1984). Dans ce qui a pu paraître un geste d'apaisement, le président Mitterrand invite l'Euro-Korps franco-allemand à défiler à Paris le 14 juillet 1994. De nombreux Allemands, surtout les plus jeunes, considèrent le débarquement comme le début de leur délivrance. Certains ont cependant du mal à admettre que la défaite allemande en Normandie s'est avérée plus bénéfique qu'une victoire. Que les délégations officielles soient invitées ou non, les familles allemandes visitent les cimetières militaires allemands où reposent 21 000 de leurs soldats.

Aux Etats-Unis, il n'existe qu'un monument entièrement dédié au débarquement de Normandie. Comme c'est souvent le cas aux Etats-Unis, le *National D-Day Memorial* est le fruit des efforts d'une association et non d'une initiative fédérale. Il n'a pas été bâti à Washington, mais dans une petite ville industrielle sinistrée de Virginie, Bedford. La ville de Bedford affirme (même si cela est contesté) avoir perdu lors du débarquement plus de jeunes gens proportionnellement à sa population que toute autre ville des Etats-Unis : dix-neuf le jour J, trois les deux jours suivants, pour une population de 3 900 âmes. Les jeunes gens de Bedford étaient massivement incorporés dans la 29e division d'infanterie, et faisaient partie de la première vague sur *Omaha*, (les Allemands avaient eux aussi l'habitude d'incorporer des jeunes gens des mêmes localités au sein des mêmes unités). Le monument de Bedford, situé sur une prairie surplombant la ville face aux crêtes des Blue Ridge Mountains, est orné de statues,

Le Président Ronald Reagan et sa femme dans un cimetière américain près d'*Omaha Beach*, le 6 juin 1984, 40e anniversaire du débarquement. © Wally McNamee/Corbis

Ci-dessous, Bill Clinton discute avec des vétérans à Colleville, le 6 juin 1994, 50e anniversaire du débarquement. © Gianni Giansanti/Corbis

assez dépouillées, de soldats débarquant sous le feu à *Omaha*, ou de Rangers escaladant la pointe du Hoc. Il connaît aujourd'hui des difficultés financières et ses responsables ont été accusés d'avoir violé les règlements bancaires pour avoir tenté d'obtenir des crédits supplémentaires.

Un autre mémorial a été inauguré le 6 juin 2000 à La Nouvelle-Orléans. Lui aussi d'initiative privée, il est dû à l'historien Stephen Ambrose et commémore tous les débarquements amphibies de la Deuxième Guerre mondiale, Afrique du Nord et Pacifique compris.

New York Times, 6 juin 1964, 7 juin 1964, 7 juin 1969, 5 juin 1994, « D-Day + 50 years: Confusion still hannts the German Side », Craig Whitney.

Time, 14 juin 1954.

Spectator, 4 juin 1984, « By Land, sea and Air-Eventually », Norman Stone (vol 272, n° 8651).

Ci-contre, Cimetière provisoire américain quelques jours après le débarquement. © NARA/Mémorial de Caen

Ci-dessous, Rangées de croix du cimetière de Colleville-sur-Mer, juin 1994. © Peter Turnley/Corbis

Mémoires anglaise et canadienne

Ci-dessus, Vétérans britanniques à Ouistreham, le 6 juin 1994, pour le 50e anniversaire du débarquement.
© Thierry Orban/Corbis Sygma

Les Britanniques commémorent le jour J avec un mélange de fierté et de distanciation ironique. Il constitue le point d'orgue d'une guerre qu'ils ont gagnée, mais qui leur a coûté leur statut de grande puissance. Ils ont tenu seuls face au rouleau-compresseur nazi pendant plus d'un an, de juin 1940 à juillet 1941. Ils ont enduré les bombardements sur Londres avec stoïcisme, tandis qu'une poignée de jeunes pilotes britanniques portait un coup d'arrêt à la *Luftwaffe.* On se souvient de cette phrase de Churchill : « Jamais dans le cours de l'histoire un si grand nombre d'individus n'a été redevable envers un si petit nombre d'hommes. » Les pilotes de la RAF avaient coutume de dire : « J'imagine qu'il fait référence à notre note de bar. » Les Britanniques sont les seuls Européens à avoir combattu durant les deux guerres mondiales sans avoir connu ni la défaite, ni des changements de régime violents. La paix, pouvant, loin de tenir ses promesses, a entraîné la chute de leur empire et leur effondrement économique. Les mots qu'avait su trouver Churchill pour leur parler en 1940 ne résument que trop bien leur expérience de la Deuxième Guerre mondiale : leur « heure de gloire » ne s'est effectivement soldée que par du « sang, du labeur, de la sueur et des larmes ».

Les Britanniques commémorent également le jour J comme le dernier moment où ils ont pu se dire à égalité avec leurs cousins américains. Tous les subordonnés directs d'Eisenhower sont Britanniques, et c'est Montgomery qui commande les troupes au sol. Les commémorations britanniques mettent en avant ce partenariat. Lors des cérémonies du cinquantenaire, la Reine Elizabeth et le Président Clinton traversent la Manche sur leurs deux navires, côte à côte : Clinton, sur l'immense porte-avions *USS George Washington* et la Reine Elizabeth sur le yacht royal *HMS Britannia* dont l'élégance compensait le faible tonnage.

Les Canadiens, souvent oubliés, ont des souvenirs particulièrement cuisants des débarquements. Le plus marquant est celui du raid sur Dieppe, le 19 août 1942, durant lequel la 2e division canadienne perdit 3 369 de ses 5000 hommes, dont 907 tués, pour une mission « à ce point mal conçue et irréfléchie qu'il est difficile même aujourd'hui de se figurer quel pouvait être l'état d'esprit qui présida à son élaboration et à son exécution ». En Normandie, les Canadiens font face à la première contre-offensive allemande au soir du 6 juin et durant les deux jours suivants. Le 7 juin, sept prisonniers canadiens sont abattus par des hommes de la 12e division blindée SS *Hitler-Jugend* du général Kurt Meyer. Le lendemain, quarante-cinq autres prisonniers canadiens sont abattus à l'abbaye d'Ardenne. Le nombre total de prisonniers canadiens exécutés pourrait atteindre cent cinquante-six. Durant la campagne de Normandie, les soldats de tous bords ont, par peur ou par rage, exécuté occasionnellement des soldats ennemis isolés qui se rendaient; mais l'exécution de groupes de prisonniers, plusieurs heures après leur capture, a marqué de manière indélébile l'opinion publique canadienne. Le gouvernement canadien a érigé un monument sur le site d'une autre de ces tueries, le château d'Audrieu. De tous les anglophones, ce sont les Canadiens qui ressentent le plus profondément le caractère inexpiable de la campagne de Normandie.

John Keegan, *Six Armies in Normandy: From D-Day to the liberation of Paris,* London, Jonathan Cape, 1982.

Ci-dessus, Le cimetière britannique de Bayeux.
© Tallandier

Ci-contre, Une française fleurissant les tombes de soldats canadiens fusillés par les Allemands (couverture du magazine *Maclean's*, 15 novembre 1944). © Mémorial de Caen

3 juin 1946 : Londres assiste à la répétition du deuxième anniversaire du jour J.
© Mémorial de Caen

Commémorer le jour J

Cérémonie du 20e anniversaire du débarquement en Normandie au cimetière britannique de Douvres-la-Délivrande dans le Calvados : le général Bradley, reprsésentant du Président américian Lyndon Johnson, M. Sainteny, ministre des Anciens Combattants, et Sir Pierson Dixon, ambassadeur de Grande-Bretagne en France. © Rue des Archives

Chaque année sur la côte normande, en juin, viennent en pèlerinage des vétérans, surtout américains et canadiens, et, plus discrètement, quelques Allemands. Les commémorations ajoutent aux anniversaires une touche solennelle d'émotion collective. Celles qui, tous les dix ans, prennent un éclat particulier, révèlent les évolutions mémorielles.

Il revient aux autorités françaises d'organiser ces manifestations publiques. Mais elles manquent un peu de faits d'armes à célébrer, puisque, le 6 juin 1944, le commando de 177 fusiliers marins qui, sous les ordres du lieutenant de vaisseau Philippe Kieffer, prit le contrôle d'Ouistreham et du casino dans lequel s'étaient retranchés les Allemands a été la seule unité française à débarquer sur la côte normande.

La participation des plus hautes autorités de l'Etat a fluctué au gré des sautes d'humeur de la politique française. René Coty, fraîchement élu Président, optait pour la présence en juin 1954. Charles de Gaulle, qui avait tout un arriéré de comptes à régler pour avoir été tenu à l'écart de l'opération *Overlord*, choisit, en 1964, de boycotter les cérémonies normandes, et se contenta de déléguer Jean Sainteny, ministre des Anciens Combattants, qui fit l'éloge de la Résistance et surtout du chef de la France Libre, clairvoyant et tenace. Le ministre des Armées, Pierre Messmer, fut, lui, prié de célébrer à Vannes la mémoire de commandos français parachutés en Bretagne. Le chef de l'Etat se réservait la tâche de commémorer, le 15 août 1964, il est vrai sans trop de flonflons, le débarquement de l'armée B en Provence. Valery Giscard d'Estaing, très réservé sur la mémoire des années 1940, se fit lui aussi représenter par un ministre en 1974. François Mitterrand, prenant le contrepied de deux de ses prédécesseurs, a, lui, été présent aux cérémonies de 1984 et de 1994.

Les pays dont les troupes avaient débarqué en juin 1944 participèrent toujours avec plus d'éclat. En 1984, les cérémonies réunissaient un parterre choisi : la reine du Royaume-Uni côtoyait celle des Pays-Bas, les rois de Belgique et de Norvège, le Grand-Duc du Luxembourg et le Président Reagan. En 1994, Bill Clinton fit lui aussi le déplacement.

Les pays de l'Est restaient peu démonstratifs : si l'ambassadeur soviétique fut de toutes les cérémonies, à Moscou on rappelait volontiers que le sort de la guerre s'était d'abord joué en URSS. La chute du mur de Berlin permit aux anciennes démocraties populaires de filer un parallèle entre les « libérations » de 1944 et 1989 : en 1994, Lech Walesa et Vaclav Havel étaient remarqués sur les plages normandes. La RFA et la RDA, qui n'avaient pas été invitées aux premières célébrations, préférèrent ensuite s'abstenir. Helmut Kohl il est vrai plutôt contraint et forcé, déclarait en juin 1984 : « Il n'y a pas de raison pour un chancelier allemand de célébrer la victoire que d'autres ont remporté dans un combat où 10 000 Allemands sont morts. » Dix ans plus tard, il maintenait son refus alors qu'il avait été l'un des deux protagonistes, à Verdun, en septembre 1984, de la cérémonie de réconciliation pour 14-18 et plus largement pour les morts des guerres franco-allemandes.

Le rituel, presque immuable, avec ses discours et ses défilés de troupes, prend un caractère mi-religieux mi-militaire lors de la visite de nécropoles soigneusement entretenues. Dans le cimetière de Colleville, face à la mer, s'alignent sur des pelouses 9 386 croix blanches, ornées de drapeaux américains et français et portant le nom des soldats américains avec la mention de leur Etat d'origine. A Douvres-la-Délivrande reposent 927 Britanniques. A Bény-sur-Mer sont enterrés 2043 Canadiens.

Ces journées voient parfois des vétérans revivre leur parcours du combattant : ainsi le sergent Steele, qui était resté, deux heures durant, retenu par les sangles de son parachute sur le clocher de Sainte-Mère-Eglise, sautait à nouveau en 1964 ; Bill Millin, revenu trente ans après, jouait en béret vert et kilt *Blue Bouquets Over the Border*, avant d'offrir sa cornemuse criblée de balles au musée de Pegasus Bridge. De manière plus singulière, le maréchal Montgomery, à 77 ans, relançait en juin 1964 la controverse qui l'avait opposé à Eisenhower, coupable – selon lui – d'avoir « tout embrouillé ». Ce dernier eut la sagesse ne pas répondre.

La qualité de l'assistance à ces célébrations offrait évidemment une bonne occasion de manifester : en 1984, des militants de l'IRA couvrirent des monuments à la gloire des soldats britanniques de slogans et d'inscriptions à la mémoire de Bobby Sands mort dans les geôles anglaises. Mais les gestes de ce genre ont été peu nombreux et l'atmosphère resta généralement irénique : si François Mitterrand n'étonna que peu de monde en réclamant que ne soient pas oubliés ceux qui étaient « tombés en face », Ronald Reagan surprit un peu plus en déclarant vouloir tendre la main à l'URSS. En 1964, les discours exaltaient l'honneur, le courage. Trente ans après, on célébrait la liberté dans une Europe réconciliée.

Ouest France et *Le Monde*, juin 1954, juin 1964, juin 1974, juin 1984, juin 1988, juin 1994.

Ci-dessus, Photo d'apparat : la commémoration du 50e anniversaire du débarquement sur *Omaha Beach* :
des souveraines (Elisabeth II, la reine Béatrix), des souverains et chefs d'Etat (entre autres François Mitterrand et Bill Clinton), des ambassadeurs.
© Jacques Langevin/Corbis Sygma

Les mémoires normandes

Ci-dessus, Commémoration du jour J à Arromanches (en arrière-plan les vestiges du port artificiel), probablement en 1945. © IWM Londres

Les commémorations célèbrent le sacrifice des combattants. Mais les Normands entretiennent une mémoire spécifique, encore perceptible même si ses caractères ambivalents s'atténuent avec le temps.

Les habitants de la Manche avaient bien accueilli les Américains libérateurs. Mais une série de vols, meurtres, attaques à main armée et surtout de viols envenimèrent les relations. Ainsi, le 26 août, une fleuriste était violée à Cherbourg par « quatre soldats noirs ». Les viols collectifs furent suffisamment nombreux pour que les tribunaux militaires américains prononcent plusieurs condamnation à la pendaison. En novembre 1944, alors que 208 viols avaient été signalés dans le Cotentin, trois soldats furent exécutés sur le lieu de leurs crimes commis durant l'été.

Ces dérapages propres à « l'occupation américaine » – car les Canadiens conservèrent leur bonne réputation – furent assez vite oubliés dans la mémoire collective. Mais il fait peu de doute que les milliers de tonnes de bombes lancées avant et pendant la bataille de Normandie, et dont nous avons dit les effets dévastateurs, ont provoqué des ressentiments qui ont pu gâcher la joie de la Libération et sont restés plus vivaces. Nombre de vieux Normands se demandent encore pourquoi le débarquement a d'abord été un monstrueux bombardement. Si l'amertume est atténuée chez les plus jeunes, elle n'a pas totalement disparu.

On comprend que les soldats de la *Wehrmacht* et tout particulièrement les SS, conservent dans la mémoire commune une image sombre. Pourtant les pèlerinages discrets de vétérans venus se recueillir sur les tombes de leurs camarades, notamment dans la grande nécropole de La Cambe, non loin d'Isigny, où reposent 21 115 d'entre eux, n'ont jamais provoqué de rejet. Mais en 1974, lorsque le maire-adjoint de Bayeux crut bon de remettre une médaille souvenir, tout d'abord prise pour une décoration, à Hans Hamel, général SS qui commandait la 10e Panzer, les protestations furent vives, notamment chez les déportés : « Nous sommes pour la réconciliation franco-allemande s'appuyant sur les démocrates et les jeunes, et non sur les anciens SS. » Le Congrès juif, réuni à Caen, manifesta la même réprobation : « Un tel acte ne peut être accepté car l'Histoire ne peut être banalisée. » Et le fait d'avoir, plus tard, dans le musée-mémorial de la bataille de Normandie de Bayeux, placé en vis-à-vis des officiers supérieurs des forces anglo-saxonnes et de la Wehrmacht, a pour le moins surpris, voire choqué.

C'est pour hâter la réconciliation par-delà les tombes que Jean-Marie Girault, maire de Caen, qui, à 18 ans, ramassait les cadavres dans cette cité martyre, porta obstinément le projet de construire, sur le plateau dominant la ville, un « Mémorial pour la paix ». Il ne s'agissait en effet ni d'un musée de la guerre à Caen, ni même d'un musée de la bataille de Normandie. L'architecte Jacques Millet en soulignait la cohérence en décrivant la façade nord : « Un volume unique, un matériau unique, une couleur, celle de la pierre de Caen. Un seul événement, la fracture, l'entrée… » La mise en perspective des tragédies mondiales vécues depuis 1914 jusqu'aux tensions de l'époque contemporaine appellerait à un effort universel pour la paix. L'ensemble, qui aura coûté 125 millions de francs, fut inauguré par François

Mitterrand le 6 juin 1988. On voyait parmi les drapeaux ceux des anciens adversaires. Chacune des deux Allemagnes était représentée par un ministre, l'Italie par son ambassadeur et le Japon par le directeur du musée de la Paix d'Hiroshima, lui même victime de la bombe A. On découvrait alors des espaces successifs dont les contenus avaient été travaillés et validés par les historiens : la faillite de la paix, la France des années noires, la guerre totale, le jour J, la galerie des villes détruites. Dans le hall de la paix était projeté le film de Jacques Perrin, *L'Espérance*. Complété depuis par de nouvelles salles, ce Mémorial a reçu 5 millions de visiteurs de 1988 à 2002.

L'ouverture de ce lieu et sa fréquentation témoignent de l'évolution des esprits. Mais les habitants de la côte normande continuent d'entretenir des stèles là où tombèrent des hommes venus d'outre-Manche et de fleurir les tombes, comme dans ce petit jardin, près de l'abbaye d'Ardenne, où des reîtres de la 11e division SS *Hitler-Jugend* avaient exécuté leurs prisonniers canadiens. Ces Normands, unis dans la fraternité des souvenirs, ressemblent à la jeune Josette Lainey, offrant au général Maxwell Taylor un bouquet de roses rouges identique à celui que lui avait tendu, vingt ans auparavant, sa sœur Danielle, âgée de trois ans, tuée à l'instant même par le tireur d'élite allemand qui visait l'américain Taylor.

«Mémoires du débarquement en Normandie» par Etienne Fouilloux et Dominique Veillon, in François Bédarida, *Normandie 44*, Albin Michel, 1987.

Le Grand Livre du Mémorial, Ed. Mémorial de Caen, Caen, 2002.

Eddy Florentin, *Guide des plages du débarquement et de la bataille de Normandie*, Perrin-Le Mémorial de Caen, 2003.

Non encore publiée : la thèse de Michel Boivin, *Les Manchois dans la tourmente de la guerre, 1939-1945*.

Ci-contre, François Mitterrand inaugure le Mémorial (à gauche, Jean-Marie Girault). © Mémorial de Caen

Ci-contre, L'esplanade devant le Mémorial de Caen, avec ses drapeaux internationaux.
On peut lire sur la façade : «La douleur m'a brisée, la fraternité m'a relevée, de ma blessure a jailli un fleuve de liberté». © Mémorial de Caen

Mémoire allemande

Ci-dessus, Monument central du cimetière allemand de La Cambe. © Tallandier

La mémoire allemande du débarquement – de l'« invasion », selon le mot qui continue d'être employé outre-Rhin, y compris dans la production scientifique – offre un contraste frappant avec la mémoire française et anglo-saxonne. L'événement n'a laissé, en effet, qu'une trace faible, presque imperceptible, ce qui se comprend aisément. Si la bataille peut être vue historiquement comme un tournant décisif de la guerre, elle n'en a pas moins eu, du point de vue allemand, une taille relativement modeste. A côté des 6 millions d'hommes mis hors de combat sur le front de l'Est entre 1941 et la fin de 1944, le coût militaire de la bataille de Normandie fut effectivement limité. Après tout, la seule offensive de l'Armée rouge du 22 juin 1944 avait entraîné la perte, en deux semaines, de 350 000 soldats allemands.

Au surplus, ce qui s'était joué dans l'Ouest de la France avait été un événement relativement lointain. Rien de comparable aux bombardements alliés que la population allemande vivait dans l'horreur et au traumatisme de l'invasion soviétique – invasion au sens propre, celle de son propre pays –, avec son cortège d'atrocités et de violences, notamment envers les femmes. En somme, l'événement n'avait rien qui dût l'incruster dans la mémoire et faire sentir la nécessité ou l'opportunité d'une commémoration particulière, que ce fût dans l'une ou l'autre Allemagne. En 1994, le public de l'Allemagne réunifiée, à la différence de ses voisins anglais et français, s'intéressa relativement peu, tout comme la presse, à la commémoration du cinquantième anniversaire du débarquement. Mais cela avait à voir également avec le fait que le chancelier Kohl n'avait pas été invité à la cérémonie, ce qui était manifestement son souhait.

La mémoire savante n'a guère plus d'épaisseur. Les dirigeants militaires de la bataille de Normandie, du côté allemand, étaient morts (Rommel, Kluge, etc.) ou choisirent de garder le silence (von Rundstedt). Sur un mode infiniment plus discret, des officiers supérieurs rédigèrent durant leur captivité des rapports sur leur expérience militaire en Normandie pour la division historique des armées américaine et britannique. Leurs compétences furent même parfois utilisées dans l'après-guerre. Ainsi le Staff College de l'armée britannique eut-il recours à certains d'entre eux pour accompagner ses étudiants sur le terrain et exposer leur expérience de combat. La bataille de Normandie devint également un cas d'étude dans les exercices militaires de l'OTAN, où Hans Speidel, l'ancien chef d'état-major de Rommel, qui avait été mêlé au coup d'Etat contre Hitler, occupa une place en vue à la fin des années 1950.

Cette même visibilité valut d'ailleurs à Speidel, tout comme à Rommel, à titre posthume, d'être pris à partie par des auteurs d'extrême droite qui les accusèrent d'avoir sciemment ouvert le continent à l'ennemi et provoqué la défaite de l'Allemagne. L'imputation de « trahison » ressuscitait, de manière dérisoire, la légende du « coup de poignard dans le dos » qui avait si efficacement sapé le crédit limité dont jouit la république de Weimar après 1918.

La seule mémoire de l'événement qui ait résisté au temps, en définitive, est liée à la présence en terre normande de cinq cimetières allemands, avec environ 50 000 tombes, le plus important, situé à La Cambe (Calvados), contenant à lui seul 21 160 tombes. Ces cimetières furent aménagés et inaugurés une quinzaine d'années après la fin de la guerre, le temps que les passions retombent et que le rapprochement franco-allemand commence à faire son œuvre. A travers la visite que leur rendent des touristes de toutes nationalités se fait une lente intégration des combattants allemands dans la mémoire de l'événement historique.

La bataille de Normandie sera-t-elle intégrée, un jour, dans la mémoire publique de l'Allemagne ? Dans un sondage réalisé en

1994, au moment du cinquantième anniversaire, 17 % des Allemands interrogés avaient répondu que le débarquement devrait être célébré dans leur pays, contre 74 % qui tenaient pour l'avis opposé. Dix ans plus tard, la commémoration du soixantième anniversaire pourrait renforcer la tendance minoritaire. Pour la première fois, un dirigeant allemand est invité à prendre part, aux côtés d'une quinzaine de chefs d'Etat et de gouvernement de pays alliés, à la cérémonie commémorative. L'événement pourrait hâter la transformation de la perception allemande de la bataille de Normandie : d'une « invasion » en une libération. La libération d'une tyrannie dont les valeurs contredisaient absolument celles de la construction européenne.

Hans Umbreit (ed.), *Invasion 1944*, Hambourg, Verlag E.S. Mittler & Sohn, 1998.

Günter Bischof et Wolfgang Krieger (ed.), *Die Invasion in der Normandie 1944. Internationale Perspektiven*, Innsbruck-Vienne, Studien Verlag, 2001.

Winfried Mönch, *Entscheidungsschlacht « Invasion » 1944 ? Prognosen und Diagnosen*, Stuttgart, Franz Steiner Verlag, 2001.

Ulrike Klein, *Das internationale Medienereignis D-Day. Presse und kollektives Erinnern nach 50 Jahren*, Bochum, Universitätsverlag Brockmeyer, 1996.

Ci-dessus, Les croix noires du cimetière de La Cambe. © Mémorial de Caen

Ci-dessous, Cimetière allemand de Lisieux. © Tallandier

L'aube du 6 juin 1944, grise comme les bateaux qui couvraient la Manche, n'annonçait pas les aurores resplendissantes auxquelles rêvaient les poilus de 14. Malgré leur puissance, déclenchée à 6 heures, le feu des canons, le vrombissement des avions et le sifflement des obus étaient des bruits familiers, réentendus de manière hyperbolique. Le saut vers la plage, la course entravée par les flots, la progression par bonds, tout cela les pères l'avait pratiqué dans la guerre des tranchées. Le succès du débarquement ne sonna même pas la fin des hostilités ; *Overlord* n'était pas Waterloo.

Pourtant, l'épisode reste nimbé d'un halo proprement extraordinaire : « Rien, dans l'histoire, ne peut se comparer au jour J » confiait François Mitterrand lors des célébrations du cinquantenaire. Le plus étonnant est la densité héroïque de l'événement : dès 1945 et jusqu'à aujourd'hui, elle a transformé la nature de la commémoration – individuelle ou publique ; les discours ont pu s'infléchir, les représentations glisser du *Jour le plus long* au *Soldat Ryan*, jamais le sentiment poisseux d'un deuil – interminable ou pas – n'a modifié une perception glorieuse chez les Alliés, un refoulé sans retour chez les Allemands. A la différence majeure de ce qui s'était passé pour ceux de Verdun ou de Passchendaele, ou pour les rescapés d'Hiroshima ou des camps d'extermination, il n'y a pas de « survivants » du jour J. Vivants et morts sont entrés ensemble et en même temps dans un univers qui semble épargné par l'abrasion historique ou mémorielle. Péripéties et acteurs ont été saisis dans une gigantesque inscription antique, à la manière de ces pièces ornant les arcs de triomphe.

A statut particulier, logique stratégique singulière. Dans les deux camps, le choix d'un débarquement et sa réponse – le refoulement sur les côtes –, contrevenait à l'un des principes canoniques de l'art de la guerre : on engage des moyens à sa mesure. Ici, tout est démesuré : les fortifications du mur de l'Atlantique, l'armada alliée, les théâtres réels ou supposés (la fameuse « diversion » de Normandie avant le Pas-de-Calais) et jusqu'à l'attente. Des résistants français aux soldats soviétiques, des états-majors politique et militaire aux civils, chacun attend le jour J. Sans ferveur messianique, sans illusion sur un choc qui ne mettrait pas fin à toutes les guerres (ils avaient déjà donné en 1918), sans interrogation encore sur les conséquences d'une victoire, pour l'un ou l'autre camp. Il n'y a pas une once de pacifisme dans le 6 juin 44 ; le rendez-vous a la violence nette des règlements pour solde de tout compte, sans pathos sur la vengeance

A l'aube du 6 juin, l'arrivée de l'armada alliée. © Bundesarchiv

ni la destinée des peuples. Le jour J tient du banco. C'est pourquoi la victoire des Alliés ouvre sur un objectif de guerre en rapport avec l'enjeu : la capitulation sans condition de l'Allemagne nazie.

Effet de choc par l'ampleur de l'opération, effet de souffle sur les derniers mois de la guerre en Europe, voilà qui suffisait à installer le jour J en sommet de l'organisation et de la rationalisation. Le rôle prépondérant tenu par les Américains dans la coalition occidentale et leur domination mondiale ultérieure ont popularisé cette présentation. Dès lors, la qualité de l'encadrement, l'efficacité de la technique parurent des modèles applicables après la victoire : dans sa postérité civile, le 6 juin combinait ainsi les mérites des vertus ancestrales au combat et des sociétés industrielles, tandis que l'événement stricto sensu recevait la sacralisation des victoires « démocratiques ».

C'est oublier qu'en pratique, les leçons du débarquement furent peu encourageantes. Le coût humain de l'opération, ses péripéties hasardeuses – notamment à *Omaha*, sans compter les pertes en Asie – incitèrent le G.Q.G. américain à en revoir le déroulement, puis à y surseoir au profit de l'arme atomique. Compte tenu des inconnues techniques et tactiques subsistant autour de la bombe A en août 1945, le choix de l'arme nucléaire contre le Japon marque une volonté d'éviter un nouveau jour J. Par la suite, les effets diplomatiques ou politiques des débarquements furent systématiquement contre-productifs : en Corée, alors qu'il s'agissait pourtant de répondre à une guerre d'agression ; sur le canal de Suez, où l'irruption franco-britannique de 1956 fut aussitôt assimilée à une vulgaire manœuvre coloniale ; au Panama, aux îles de la Grenade et même en Somalie malgré l'affichage humanitaire, les débarquements pâtirent de la confusion entre pratiques impériales et prétentions pacificatrices.

A contrario, ces péripéties ont rendu le jour J presque incompréhensible et encore plus admirable. Il est devenu un fait de guerre absolu repoussé peu à peu hors de la vraisemblance par les commémorations, l'arrivée à l'âge adulte de la deuxième génération née après l'événement et par sa mythification. Mais il reste toujours en perspective de notre histoire comme un monument gigantesque. Ce « monument », nous l'avons fait visiter au lecteur sous toutes ses coutures. Plutôt que de confiner le jour J à un mouvement d'orgueilleuse bravoure, il nous semble que les peuples adultes n'ont rien à en craindre, même dans l'excès de perspective.

Un B-26 Marauder survole la côte normande, le 6 juin 1944.
© Jeffrey Markowitz/Corbis Sygma

Chronologie

10 mai 1940 Winston Churchill devient Premier Ministre de la Grande-Bretagne

7 septembre 1940 les Allemands commencent le bombardement aérien de Londres

16 septembre 1940 *Selective Service Act* aux Etats-Unis ; recensement obligatoire de tous les hommes âgés de 21 à 36 ans pour le service militaire ; service d'un an pour 2 000 000 hommes

19 septembre 1940 Hitler renonce à déclencher un débarquement en Grande-Bretagne (opération Otarie)

5 novembre 1940 Franklin D. Roosevelt élu à son 3e mandat comme Président des Etats-Unis

11 mars 1941 la loi « prêt-bail » facilite l'achat d'armements aux Etats-Unis par les pays alliés

22 juin 1941 Hitler attaque l'URSS et met fin au pacte germano-soviétique de 1939

14 août 1941 rencontre entre Churchill et Roosevelt, déclaration dite de la Charte de l'Atlantique

18 août 1941 le service militaire prolongé à 18 mois aux Etats-Unis

7 décembre 1941 attaque japonaise sur les îles Hawaï (Pearl Harbor), et sur d'autres possessions américaine et britannique dans le Pacifique

13 décembre 1941 visite de Churchill à Washington, création d'un Etat major anglo-américain (*Combined Chiefs of Staff*)

22 février 1942 le général Sir Arthur Harris nommé au commandement des unités de bombardement britanniques

6 mai 1942 les dernières troupes américaines aux Philippines se rendent aux Japonais

7-8 mai 1942 bataille de la Mer de Corail, au nord-est de l'Australie, entre les forces navales du Japon et des Etats-Unis

3-6 juin 1942 bataille de Midway entre flottes japonaise et américaine

7 août 1942 les troupes américaines débarquent sur Guadalcanal et Tulagi dans les îles Salomon

12 août 1942 rencontre Churchill-Staline à Moscou

17 août 1942 première mission de la 8e Air Force américaine basée en Angleterre, un raid sur Rouen

19 août 1942 sanglant échec de l'opération *Jubilee* menée par les Canadiens sur Dieppe

13 septembre 1942 début de la bataille de Stalingrad

8 novembre 1942 opération *Torch*, débarquement anglo-saxon en Algérie et au Maroc

11 novembre 1942 occupation de la zone Sud par la *Wehrmacht*

24 décembre 1942 exécution de Darlan par un jeune résistant

17-27 janvier 1943 conférence d'Anfa-Casablanca (Roosevelt, Churchill, Giraud, de Gaulle)

31 janvier 1943 capitulation de la 6e armée allemande à Stalingrad

printemps 1943 succès anglo-américain dans la campagne contre les sous-marins allemands dans l'Atlantique

13 mai 1943 reddition des forces de l'Axe en Tunisie

27 mai 1943 fondation par Jean Moulin du Conseil de la Résistance

30 mai 1943 de Gaulle à Alger

5-13 juillet 1943 bataille de Koursk

9-10 juillet 1943 opération *Husky*, débarquement anglo-saxon en Sicile

25 juillet 1943 renversement de Mussolini

3 septembre 1943 débarquement allié au sud de l'Italie, près de Naples

8 septembre 1943 les Anglo-saxons concluent un armistice avec l'Italie

8 novembre 1943 de Gaulle devient l'unique chef politique du Comité Français de la Libération Nationale

5 novembre 1943	Rommel est chargé par Hitler d'inspecter le Mur de l'Atlantique
28 novembre-1er décembre 1943	conférence de Téhéran
2 janvier 1944	sur l'ordre de l'occupant, le remaniement ministériel à Vichy fait la place belle aux Ultras
15 janvier 1944	les mouvements de Résistance tentent de s'unifier dans le Mouvement de Libération Nationale
22 janvier 1944	débarquement allié à Anzio, près de Rome
3 juin 1944	le Comité Français de la Libération Nationale se transforme en Gouvernement Provisoire de la République Française
5 juin 1944	entrée des Alliés dans Rome
6 juin 1944	**jour J**
début juin 1944	des volontaires affluent dans un grand nombre de maquis
8 juin 1944	99 otages sont pendus à Tulle
10 juin 1944	642 hommes, femmes et enfants sont massacrés à Oradour-sur-Glane
13 juin 1944	lancement des premiers V1 sur Londres
14 juin 1944	de Gaulle effectue dans la portion de Normandie libérée une visite politiquement décisive
22 juin 1944	offensive soviétique à l'Est
27 juin 1944	Cherbourg est prise par les forces américaines
17 juillet 1944	Rommel est blessé
18 juillet 1944	Caen est prise par les forces anglo-canadiennes
20 juillet 1944	tentative d'assassinat de Hitler
25 juillet 1944	opération *Cobra*, percée importante des forces américaines vers Avranches
3-23 août 1944	bataille de la poche de Falaise
15 août 1944	débarquement allié en Provence
19 août 1944	l'insurrection gagne l'ensemble des quartiers de Paris
25 août 1944	la Roumanie change de camp
	Pétain doit quitter Vichy sur l'ordre des Allemands
	à Paris, reddition des forces allemandes
26 août 1944	descente triomphale des Champs Elysées par de Gaulle
28-29 août 1944	libération de Marseille
29 août 1944	insurrection slovaque
8 septembre 1944	premiers tirs de V2 contre Anvers et Londres
14 octobre 1944	suicide de Rommel
16 octobre 1944	Horthy est remplacé par Szalasi
16-27 déc. 1944	bataille des Ardennes
4-11 février 1945	conférence de Yalta
28 avril 1945	exécution de Mussolini
30 avril 1945	suicide de Hitler
7-9 mai 1945	capitulation de l'Allemagne
juin 1988	inauguration du Mémorial de Caen

On pourra se reporter utilement
à l'ouvrage dirigé par André Kaspi,
La Deuxième Guerre mondiale,
chronologie commentée, Perrin, 1990.

Bibliographie

Stephen E. Ambrose, *Citizen Soldiers. The USA Army from the Normandy Beaches to the Bulge to the Surrender of Germany*, New York, Simon and Schuster, 1991.

Jean-Pierre Azéma et François Bédarida (dir), *La France des années noires*, tome 2, Paris, Le Seuil, 1993.

Jean-Pierre Azéma et François Bédarida (dir), *1938-1948 Les Années de tourmente, dictionnaire critique*, Paris, Flammarion, 1995.

Colin F. Baxter, *The Normandy campaign, 1944 : a selected bibliography*, New York, Greenwood Press, 1992.

Günter Bischof (ed.), *Normandie 1944, internationale Perspektiven*, Innsbruck, Studien Verlag, 2001.

Horst Boog, Gerhard Krebs, Detlef Vogel, *Das deutsche Reich in der Defensive. Strategischer Luftkrieg in Europa, Krieg im Westen und in Ostasien 1943-1944/45*, vol. 7 de *Das deutsche Reich und der Zweite Weltkrieg*, Stuttgart, DTV, 2001.

Philippe Burrin, *La France à l'heure allemande*, Paris, Le Seuil, 1995.

David G. Chandler et James Lawton Collins, Jr. (ed.), *The D-Day Encyclopedia*, New York, Simon and Schuster, 1994.

Jean-Louis Crémieux-Brilhac, *La France Libre. De l'appel du 18 juin à la Libération*, Paris, Gallimard, 1996.

David Eisenhower, *Eisenhower at War*, New York, Random House, 1986.

Martin Gilbert, *Churchill a life*, London, Heinemann, 1991.

Nigel Hamilton, *Monty. The battles of Field Marshal Bernard Montgomery*, London, Hodder and Stoughton, 1994.

Russell A. Hart, *Clash of Arms. How the Allies Won in Normandy*, Boulder, Colorado, Lynn Rienner, 2001.

Max Hastings, *Overlord. D-Day and the Battle for Normandy*, New York, Simon and Schuster, 1984.

André Kaspi, *La Libération de la France juin 1944-janvier 1946*, Perrin, 1995.

John Keegan, *Six Armies in Normandy. From D-Day to the Libération of Paris*, London, Jonathan Cape, 1982.

John Keegan, *Churchill's Generals*, London, Weidenfeld and Nicolson, 1991.

H.R. Kedward, *A la recherche du maquis, La Résistance dans la France du Sud 1940-1944*, Les Editions du Cerf, 1999.

Ian Kershaw, *Hitler*, Paris, Flammarion, 1998-2000, 2 vol.

La Libération de la France, comité d'Histoire de la 2e Guerre mondiale, Editions du CNRS, 1976.

John Man, *The Penguin Atlas of D-Day and the Normandy campaign*, London, Viking, 1994.

François Marcot (dir), *La Résistance et les Français. Lutte armée et maquis*, Les Belles Lettres, 1996.

Richard J. Overy, *Why the Allies Won*, London, Jonathan Cape, 1995.

Robert O. Paxton, *La France de Vichy 1940-1944*, Paris, Le Seuil, 1974.

Hans Umbreit, *Invasion 1944*, Hamburg, E.S. Mittler und Sohn, 1998.

War diaries, 1939-1945, of Field Marshal Lord Alanbrooke, edited by Alex Danchev and Daniel Todman, London, Weidenfeld and Nicolson, 2001.

Gerhard Weinberg, *A World at Arms*, New York, Cambridge University Press, 1994.

Russell F. Weigley, *Eisenhower's Lieutenants. The Campaigns of France and Germany, 1944-1945*, Bloomington, Indiana, 1981.

Chester Wilmot, *The Struggle for Europe*, London, Collins, 1952.

Table des matières

Recherche iconographique :
Jérôme da Cunha

Compogravure :
Nord Compo, Villeneuve-d'Ascq

Achevé d'imprimer
par I.M.E. 25110 Baume-les-Dames
pour le compte des Editions Perrin

N° d'édition : 1899 – n° d'impression : 17372
Imprimé en France